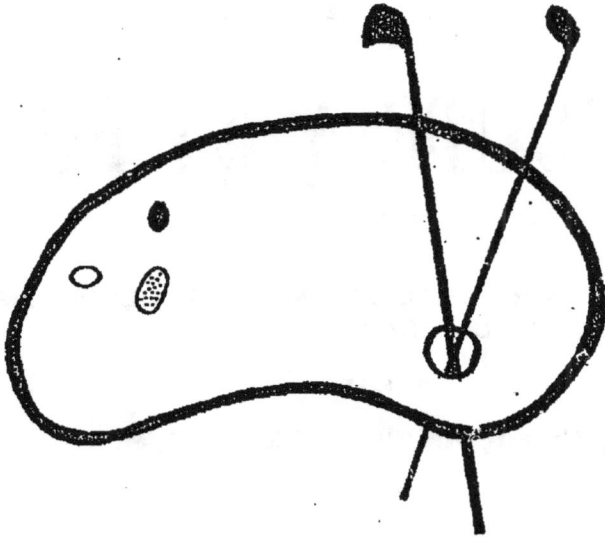

DEBUT D'UNE SERIE DE DOCUMENTS
EN COULEUR

SCIENCE ET RELIGION

Études pour le temps présent

DU DOUTE A LA FOI

LE BESOIN, LES RAISONS, LES MOYENS, LE DEVOIR
ET LA POSSIBILITÉ DE CROIRE

PAR LE

Père François TOURNEBIZE, S. J.

Troisième édition

précédé d'une Lettre de

M. F. Coppée, de l'Académie française

PARIS

LIBRAIRIE BLOUD ET BARRAL

4, RUE MADAME ET RUE DE RENNES, 59

1899

SCIENCE ET RELIGION
Études pour le temps présent

Collection de vol. in-12 de 64 pages *compacles*.

Prix : **O** fr. **60** le vol.

Les lecteurs curieux de grandes vérités de la foi déploraient l'absence de vulgarisation de science religieuse. LES ÉTUDES POUR LE TEMPS PRÉSENT répondent donc à un désir et comblent une lacune. Ainsi en ont jugé unanimement les Revues et les journaux les plus importants de la presse catholique. De ces nombreux et si flatteurs témoignages nous ne citerons que le suivant, extrait du journal *L'Univers*, dû à la plume d'un juge des plus compétents, M. LOUIS ROBERT :

« Aujourd'hui, en notre siècle de vapeur, d'électricité, on veut savoir
« tout et lire peu, toute la vie est pleine et fiévreuse ! C'est ce qui explique
« la vogue de la Revue et du Journal. Cependant ces deux organes de la
« pensée moderne sont insuffisants pour embrasser une question dans la
« complexité de ses aspects. Le livre est toujours nécessaire ; mais nous
« pensons, à part les moines et le clergé des campagnes, que le respectable
« in-4° et le majestueux in-folio ont fait leur temps pour le grand public.
« Il fallait donc condenser en un volume de poche les questions qui tour-
« mentent l'âme contemporaine. C'est ce que certains éditeurs ont très
« heureusement compris, notamment MM. Bloud et Barral, dont les édi-
« tions ont déjà tant rendu de services signalés à la cause religieuse.
« « Sous le titre de *Science et Religion*, collection de volumes in-12 de
« 64 pages compactes, ils ont entrepris, avec un plein succès, de démontrer
« par des plumes des plus autorisées « *l'accord entre les résultats de la
« science moderne et les affirmations de la foi.* » Chaque sujet est traité,
« non plus d'après la méthode apologétique, qui actuellement est sus-
« pecte aux incrédules, même aux indifférents. C'est avec la plus rigoureuse
« méthode scientifique — mais mise à la portée de tous les esprits quelque
« peu cultivés — que sont exposées les *Nouvelles Études philosophiques*,
« *scientifiques et religieuses* de cette opportune et très intéressante col-
« lection.
« Le nom de l'auteur de chacune d'elles est une recommandation. »
                                                    (Journal *L'Univers*.)

Voici une liste des nouveaux ouvrages parus :

— **L'Apologétique historique au XIXᵉ siècle.** — **La Criti-
que irréligieuse de Renan** (*Les précurseurs* — *La vie de Jésus* —
Les adversaires — *Les résultats*), par l'abbé Ch. DENIS, directeur des
Annales de philosophie chrétienne.   **1** vol.

— **Nature et Histoire de la liberté de conscience**, par
M. l'abbé CANET, docteur en philosophie et ès lettres de l'Université de
Louvain, ancien professeur de théologie dogmatique au grand séminaire
de Lyon.   **1** vol.

— **L'Animal raisonnable et l'Animal tout court,** *étude de psychologie comparée,* par C. DE KIRWAN. **1** vol.

— **La Conception catholique de l'Enfer,** par M. BRÉMOND, docteur en théologie, professeur de dogme au grand séminaire de Digne. **1** vol.

— **L'Eglise Russe,** par I.-L. GONDAL, professeur d'apologétique et d'histoire au séminaire Saint-Sulpice. **1** vol.

— **La Fausse Science contemporaine et les Mystères d'Outre-tombe,** par le R. P. Th. ORTOLAN, O. M. I. **1** vol.

— *Du même auteur :* **Vie et Matière ou Matérialisme et Spiritualisme en présence de la Cristallogénie.** **1** vol.

— *Du même auteur :* **Matérialistes et Musiciens.** **1** vol.

— **Le Mal,** sa nature, son origine, sa réparation. *Aperçu philosophique et religieux,* par M. l'abbé CONSTANT, docteur en théologie, lauréat de l'Institut catholique de Paris. **1** vol.

— **Dieu auteur de la vie,** par M. l'abbé THOMAS, vicaire général de Verdun. **1** vol.

— *Du même auteur :* **La Fin du monde d'après la foi et la science.** **1** vol.

— **L'Attitude du catholique devant la Science,** par G. FONSEGRIVE, directeur de la *Quinzaine.* **1** vol.

— *Du même auteur :* **Le Catholicisme et la Religion de l'Esprit.** **1** vol.

— **Du doute à la Foi,** le besoin, les raisons, les moyens, les devoirs, la possibilité de croire, par le R. P. TOURNEBIZE, S. J. **1** vol.

— **La Synagogue moderne,** sa doctrine et son culte, par A. F. SAUBIN. **1** vol.

— **Evolution et Immutabilité de la doctrine religieuse dans l'Eglise,** par M. PRUNIER, supérieur au grand séminaire de Séez. **1** vol.

— **La Religion spirite,** son dogme, sa morale et ses pratiques, par I. BERTRAND. **1** vol.

— **L'Hypnotisme franc et l'Hypnotisme vrai,** par le docteur HÉLIOT, auteur de *Névroses et Possessions diaboliques.* **1** vol.

— **Convenance scientifique de l'Incarnation,** par Pierre COURBET, ancien élève de l'Ecole polytechnique. **1** vol.

— **L'Eglise et le Travail manuel,** par l'abbé SABATIER, du clergé de Paris, docteur en droit canon. **1** vol.

— **L'Inquisition,** son rôle religieux, politique et social, par G. ROMAIN, auteur de : *L'Eglise et la Liberté.* **1** vol.

— **Unité de l'espèce humaine** *prouvée par la similarité des conceptions et des créations de l'homme,* par le marquis de NADAILLAC. **1** vol.

— **Le Socialisme contemporain et la Propriété.** — *Aperçu historique,* par M. Gabriel ARDANT, auteur de la *Question agraire.* **1** vol.

— **Pourquoi le Roman immoral est-il à la mode et pourquoi le Roman moral n'est-il pas à la mode ?** *Etude sociale et littéraire,* par G. d'AZAMBUJA. **1** vol.

Ouvrages précédemment parus :

— **Certitudes scientifiques et Certitudes philosophiques,** par le R. P. DE LA BARRE, S J., professeur à l'Institut catholique de Paris. 2ᵉ édition.   **1 vol.**
— **L'Ame de l'homme,** par J. GUIBERT, supérieur du séminaire de l'Institut catholique de Paris. 2ᵉ édition.   **1 vol.**
— **Faut-il une religion ?** par M. l'abbé GUYOT, ancien professeur de théologie.   **1 vol.**
— *Du même auteur :* **Pourquoi y a-t-il des hommes qui ne professent aucune religion ?**   **1 vol.**
— **Nécessité scientifique de l'existence de Dieu,** par P. COURBET, ancien élève de l'Ecole polytechnique. 2ᵉ édition.   **1 vol.**
— *Du même auteur :* **Jésus-Christ est Dieu.** 2ᵉ édition.   **1 vol.**
— **Etudes sur la pluralité des mondes habités et le dogme de l'Incarnation,** par le R. P. ORTOLAN, docteur en théologie et en droit canonique, lauréat de l'Institut catholique de Paris, membre de l'Académie de Saint-Raymond de Pennafort. 2ᵉ édition.   **3 vol.**
I. — *L'Epanouissement de la vie organique à travers les plaines de l'infini.*   **1 vol.**
II. — *Soleils et terres célestes.*   **1 vol.**
III. — *Les Humanités astrales et l'Incarnation.*   **1 vol.**
Chaque vol. se vend séparément.
— **L'Au-delà ou la Vie future d'après la foi et la science,** par M. l'abbé J. LAXENAIRE, docteur en théologie et en droit canon, et de l'Académie de Saint-Thomas-d'Aquin, professeur au grand séminaire de Saint-Dié. 2ᵉ édition.   **1 vol.**
— **Le Mystère de l'Eucharistie. — Aperçu scientifique,** par M. l'abbé CONSTANT, docteur en théologie, lauréat de l'Institut catholique de Paris. 2ᵉ édition.   **1 vol.**
— **L'Eglise catholique et les Protestants,** par G. ROMAIN, auteur de : *L'Eglise et la Liberté* et *Le Moyen Age fut-il une époque de ténèbres et de servitude ?*   **1 vol.**
— **Mahomet et son œuvre,** par I. L. GONDAL, professeur d'apologétique et d'histoire au séminaire Saint-Sulpice.   **1 vol.**
— **Christianisme et Bouddhisme** (*Etudes orientales*), par M. l'abbé THOMAS, vicaire général de Verdun. 2ᵉ édition.   **2 vol.**
Première partie : *Le Bouddhisme.*
Deuxième partie : *Le Bouddhisme dans ses rapports avec le christianisme. — Ascétisme oriental et ascétisme chrétien.*
— **Où en est l'hypnotisme,** son histoire, sa nature et ses dangers, par A. JEANNIARD DU DOT, auteur du *Spiritisme dévoilé.* 2ᵉ édit. **1 vol.**
— *Du même auteur :* **Où en est le Spiritisme,** sa nature et ses dangers, 2ᵉ édition.   **1 vol.**
— **L'ordre de la nature et le Miracle,** faits surnaturels et forces naturelles, chimiques, psychiques, physiques, par le R. P. DE LA BARRE, S. J., professeur à l'Institut catholique de Paris.   **1 vol.**

Ouvrages en préparation :

— **Des divergences dogmatiques et disciplinaires entre les Eglises orientales et l'Eglise catholique,** par le R. P. TOURNEBIZE, S. J.   **1 vol.**
— **L'Homme et le Singe,** par M. le marquis de NADAILLAC. **2 vol.**

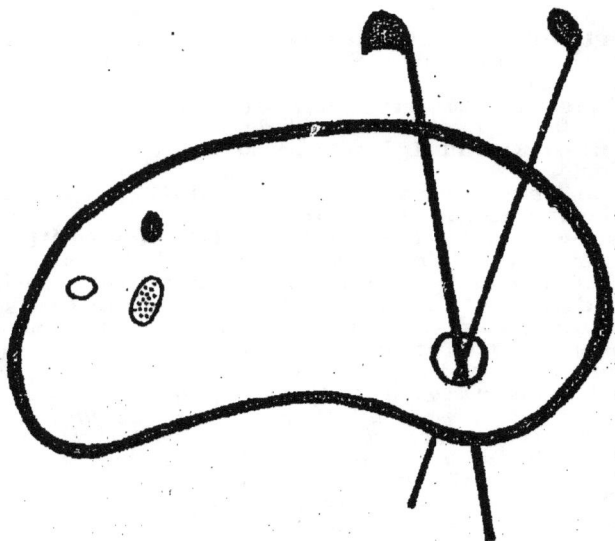

FIN D'UNE SERIE DE DOCUMENTS
EN COULEUR

SCIENCE ET RELIGION
Études pour le temps présent

DU DOUTE A LA FOI

~~~~~~~~~

LE BESOIN, LES RAISONS, LES MOYENS, LE DEVOIR ET LA POSSIBILITÉ DE CROIRE

PAR LE

Père François TOURNEBIZE, S. J.

précédé d'une Lettre de

M. F. Coppée, de l'Académie française

PRO DEO ET PATRIA

PARIS
LIBRAIRIE BLOUD ET BARRAL
4, RUE MADAME ET RUE DE RENNES, 59
1899

Lettre de M. François Coppée

~~~~~~~~~~~~~

Paris, 2 novembre 1898,

Mon Révérend Père,

Comme je vous le disais dans notre entretien de l'autre jour, c'est par le cœur que le Bon Dieu m'a reconquis, et je pourrais, comme Chateaubriand, si parva licet..., m'écrier aussi : « J'ai pleuré et j'ai cru. » Mais cette foi qui attendrit et remplit mon cœur, je veux aussi qu'elle pénètre et triomphe dans mon intelligence, et des écrits comme le vôtre sont faits pour l'y affermir. Avec une force, une précision, une lucidité admirables, vous prouvez, en effet, que toutes les facultés de l'homme le portent à croire ; et je suis certain que votre petit livre de propagande aura de profonds et d'excellents effets. Vous calmerez les inquiets, vous ramènerez les égarés, et beaucoup d'âmes vous devront de retrouver cette paix que seule peut donner la Foi ; car elle est, en même temps, la satisfaction d'un besoin et l'accomplissement d'un devoir.

Croyez, mon Révérend Père, à ma sincère et respectueuse sympathie.

FRANÇOIS COPPÉE.

~~~~~~~~~~~

AVERTISSEMENT

Cet opuscule s'adresse aux âmes inquiètes, tentées ; aux esprits qui connaissent les angoisses du doute ; à tous ceux, enfin, qui, placés dans un milieu où rayonne l'enseignement de l'Eglise catholique, se plaignent de n'avoir jamais reçu le don de la foi, ou semblent regretter de l'avoir perdu.

Quoique pénétrés pour ces derniers d'une profonde sympathie, nous ne pouvons pourtant pas les innocenter tous indistinctement. Plusieurs, à un moment de leur vie, ont eu l'imprudence d'accueillir le doute, de s'y complaire ; puis, s'apercevant que l'édifice de leur foi commençait d'être ébranlé, au lieu de chercher les moyens d'en réparer les brèches et, Dieu aidant, de le consolider, ils concoururent, complices plus ou moins responsables, à en saper les bases et à le renverser. Mais tous ceux qui nous donnent leur incrédulité pour la conséquence fatale de la réflexion, de la tournure d'esprit et de caractère, et surtout de l'éducation, ne sont pas également coupables.

Si certains hommes aiment à se poser en victimes d'une lutte entre le cœur et l'esprit, lutte d'où l'intelligence sort — naturellement — victorieuse, traînant après elle une âme meurtrie, d'autres incroyants font preuve de droiture, et semblent avoir soif de vérité religieuse ; ceux-ci, certes, méritent qu'on s'intéresse à eux, qu'on travaille à les éclairer, et qu'on leur tende la main pour les aider à sortir d'un état d'âme où ils ne se complaisent pas.

Aussi, n'est-il pas d'apôtre digne de ce nom, qui ne voulût leur aplanir le chemin de la foi : tant il est attristé de les voir vivre sans but surnaturel, et partir de la terre irréconciliés avec Dieu et inconsolés !

DU DOUTE A LA FOI

CHAPITRE PREMIER

LE BESOIN DE CROIRE

1. Toutes les facultés appellent la foi. — 2. Sans elle, point de vie complètement vertueuse. — 3. Point de bonheur.

1. — *Toutes les facultés appellent la foi.*

Croire est, en effet, un besoin pour l'âme, besoin d'autant plus impérieux qu'elle est plus généreuse et élevée. L'homme n'est pas seulement sur la terre, selon l'expressive parole de Sénèque, « pour filtrer des breuvages et cuire des aliments ». Son esprit, trop grand pour être tout entier absorbé par les instincts du corps, a des aspirations plus hautes que rien de ce qui passe ne peut satisfaire. Par toutes ses facultés, tant que celles-ci gardent leur direction et leur élan primitif et ne sont pas faussées ou alourdies par les vices, il se projette par-delà le temps et l'espace vers ce qui ne finit pas. Les découvertes les plus merveilleuses de la science profane intéressent un moment l'esprit ; elles ne le satisfont pas. Elles ne lui disent rien de son origine, de sa nature, de sa fin. Ce sont là pourtant les questions qui lui importent le plus, puisque son bonheur en dépend (1). Abandonnée à ses propres forces, la sagesse humaine entrevoit bien quelque chose des hautes vérités qui sont l'unique aliment substantiel de l'âme. Mais que de loisirs, d'efforts, de pénétration ne requiert pas cette recherche hors des sentiers frayés par la religion ! Beaucoup d'esprits en sont

---

(1) F. BRUNETIÈRE, *Conférence sur la Renaissance de l'Idéalisme*, faite à Besançon, le 2 fév. 1896.

incapables. Pour les mieux doués eux-mêmes, quand ils ne sont pas accablés par les infirmités ou les soucis quotidiens de l'existence, que de lacunes, d'incertitudes !

Ils voient qu'il faut honorer Dieu. Mais comment ? la nature du culte qui lui est dû et les autres devoirs auxquels sont astreints tous les hommes, qui les expliquera au genre humain ? Les philosophes ? Interrogés sur ces questions, les savants qui vivent à l'écart de la révélation bégayent, hésitent et donnent des réponses contradictoires. « Il est difficile, a dit Platon, de trouver le Créateur et le Père de l'univers ; mais le faire connaître *philosophiquement à tous* est absolument impossible (1). » Le sublime philosophe ne voyait, dans les vérités découvertes par la sagesse humaine, que d'humbles épaves sur lesquelles il fallait provisoirement s'embarquer ; seule, une révélation venue du ciel lui semblait un navire assez sûr et résistant pour la traversée de la vie (2).

Si elle n'avait la révélation pour guide, la raison humaine, distraite et appesantie par le souci des choses temporelles, obscurcie par les passions, connaîtrait mal ses devoirs essentiels, surtout envers Dieu. Ne voyons-nous pas des esprits distingués, à qui « le christianisme ne suffit pas », osciller inquiets d'une incrédulité absolue à de puériles superstitions ? Inhabiles à honorer Dieu comme il mérite d'être honoré, comment l'apaiserions-nous après l'avoir offensé ? Il y aurait toujours lieu de

(1) PLATON, *Timée*, édit. A.-F. Didot, vol. II, part. I, p. 204, n. 2³, XXX.
(2) *Phédon*. vol. I, n. XXXV, p. 67. *Le second Alcibiade*, n. XIII et XIV.

nous poser cette question troublante : mon péché est-il pardonné ? Comme écrasés sous le sentiment de l'infinie majesté, dont le mystère impénétrable ajouterait encore à notre terreur, nous n'entendrions pas au fond de la conscience cette consolante réponse : « Va en paix, tes péchés te sont remis. »

Non moins obscure pour nous serait la question de notre destinée : et il y aurait là pour les grandes âmes qui se sentent plus à l'étroit dans ce monde, une source de poignantes anxiétés. Que d'hommes d'élite, poussés par cette inquiétude, sont venus comme M. Littré, se reposer aux pieds du Christ ! Ils se sont dit : Sans doute, la raison nous affirme que le désordre doit tôt ou tard faire place à l'ordre ; que les longues douleurs patiemment supportées, l'immolation de soi-même au bonheur des autres, la constante fidélité à ce que prescrit la conscience, méritent plus que la satisfaction intime du devoir accompli. Mais quand et dans quelles conditions la vertu sera-t-elle récompensée et l'injustice punie ? Pour donner à cette question une réponse claire, intelligible à tous ; pour verser une paix profonde à l'âme, qui, au milieu des plaisirs trompeurs et des amertumes de la vie, ne perd jamais entièrement la soif de l'infini, il fallait que son divin auteur lui parlât, s'approchât d'elle pour s'en faire aimer, l'élever par degrés jusqu'à lui ; et promît de combler un jour, en se donnant à elle, l'immensité de ses désirs.

2. — Sans la foi, point de vie complètement vertueuse.

Puisque l'une des conditions préalables, pour arriver à la foi, est d'en sentir le besoin et de la désirer, établissons-en la souveraine importance, en faisant voir que, sans elle, il n'est guère de solide et constante vertu, et point de vrai bonheur.

Sans religion, il est fort malaisé, pour ne rien dire de plus, d'être vertueux. Il se peut bien que l'élévation naturelle de l'âme, l'excellence de l'éducation, la nature même du caractère et du tempérament, le manque de loisirs, l'éloignement des occasions dérobent l'incrédule à certaines tentations ou l'empêchent, le cas échéant, d'y succomber.

Mais, si privilégié soit-il, d'autres tentations plus délicates, peut-être, auront prise sur lui. Où trouvera-t-il les moyens de leur résister ? En lui-même ? Cela serait vraiment étrange. Il est des cas, — et ils ne sont pas rares, — où le croyant, pour ne pas tomber, doit faire usage contre le tentateur de toutes les armes que lui fournissent la nature et la foi appuyées sur la grâce ; il se voit forcé de recourir à la prière, d'appeler Dieu à son secours, de songer au législateur et juge suprême qui le contemple, lui intime ses ordres absolus, lui montre, en perspective, selon l'issue de la lutte, de sublimes récompenses ou de terribles châtiments. Comment, privé de tous ces mobiles, dont le poids est infini, celui qui ne croit pas sera-t-il toujours victorieux ?

Le sentiment de l'honneur humain suppléera, peut-être, soit à la grâce qui est un spécial secours de Dieu, soit au défaut de tout auxiliaire surhumain ! Sans doute, nous aurions tort de dédaigner le sens de l'honneur, quand celui-ci est véritable. Mais, il faut bien convenir que l'honneur, d'après lequel se guident ceux qui n'obéissent plus à aucun motif surhumain, ne s'étend pas, d'ordinaire, aux pensées, aux désirs, aux actions secrètes.

Un juge peu autorisé, l'opinion mondaine, décide dans ces questions d'honneur ; elle tolère et souvent absout bien des actes publics, condamnables aux yeux de la conscience.

Elle ne regarde pas toujours comme un crime les unions dépourvues, non seulement du visa civil, mais — ce qui est autrement grave — de la bénédiction religieuse. L'infidélité conjugale, elle-même, en certaines circonstances, n'attire aucune flétrissure. Il est tant de manières habiles de voler ou de se mal conduire qui assurent l'indulgence du monde, ce jury impersonnel et capricieux ! Devant lui, ceux-là seulement sont déshonorés, qui sont assez maladroits pour se laisser prendre la main dans la poche du voisin, et se faire condamner aux assises. Encore, un coup d'épée, bravement donné ou habilement esquivé, suffit-il, la plupart du temps, à rétablir l'honneur compromis.

Quant aux sentiments d'honneur plus chevaleresques et plus élevés, semblables à un juge intègre dont l'œil serait toujours ouvert sur la vie entière, ils sont rares ceux qui les conservent dans leur première délicatesse. Le sens religieux une fois émoussé, celui de l'honneur, cette ombre pâle de la conscience, s'atrophie et s'altère peu à peu. Que des passions ardentes viennent alors à s'attiser au fond du cœur ; que l'ambition, la haine, l'avarice, les amours illicites, la cupidité soufflent sans trêve leurs coupables suggestions. Qu'un homme, en butte à leurs terribles sollicitations, puisse se dire : Voilà de l'or, des dignités, des plaisirs, je n'ai qu'à tendre

la main pour en jouir, sans que nul œil au monde y
prenne garde ... Qui osera affirmer que la volonté
toujours obsédée résistera toujours ! Beaucoup
d'hommes irréligieux, en cela inconséquents, ne se
fient guère à une vertu qui n'a pas pour fondement
la religion. Les opinions de Rousseau et même de
Voltaire, à cet égard, sont trop connues pour que nous
les citions (1).

Jetée dans la société, cette idée qu'il n'est d'autre
bonheur que celui d'ici-bas et que la religion est un
vain mot, me semble le plus redoutable explosif
qu'on puisse jamais imaginer. Comme le désir du
bonheur sort du fond de leur nature, il va de soi
que les hommes déploieront toute leur énergie pour
le conquérir là où ils espèrent le rencontrer. Anarchistes et socialistes ne sont si redoutables que parce
que leurs chefs ont détourné et déchaîné contre l'ordre établi ce formidable instinct, en leur persuadant
qu'il n'est pas de bonheur hors de la vie présente.

Et vraiment, s'il n'est pas de législateur sou-
verain qui ordonne, récompense et punisse, les
principes sur lesquels repose notre civilisation per-
dent leur base sacrée. Les idées corrélatives de droit
et de devoir n'ont plus rien d'absolu et d'obligatoire;
elles deviennent inertes, comme un arc brisé. Pourquoi serais-je obligé de vous respecter dans votre
honneur, votre fortune ou votre vie ? Pourquoi serais-je tenu de respecter ma propre vie ? Dieu sup-
primé, je ne vois dans ce qu'on appelle devoir ou
même vertu, qu'une affaire de convenance, de pru-

_____

(1) *Emile*, éd. Didot, vol. 2 ch. IV. p. 23. 114 avec la note
p. 119 ; article de Voltaire sur l'*Athéisme*, dans le dictionnaire
philos.

dence ou de bon ton. Au sens rigoureux, le devoir n'existe plus. Il y a encore des actions malséantes, des gens inconvenants et grossiers ; il n'y a plus de criminels ; le péché a disparu ; car le péché suppose la violation d'une loi établie et sanctionnée par un législateur suprême. Et nous verrons plus loin que, dans l'état présent du monde, renier le Christ et son Eglise, c'est, par une conséquence fatale, rejeter jusqu'à la Providence divine.

Quoi qu'on ait pu dire, les seules conséquences morales qui découlent des systèmes incompatibles avec la foi au surnaturel démontrent la fausseté de ces systèmes. Le mensonge ne peut être un principe de vie indispensable à l'individu et à la société. Vainement on s'efforce d'esquiver cette écrasante objection, et de reconstruire une morale sur des fondements nouveaux. A la suite de Kant, on élimine l'intervention de Dieu comme principe de l'obligation morale et on fait dépendre celle-ci de la raison humaine, ainsi devenue indépendante et autonome : comme si une loi dont je suis l'auteur pouvait s'imposer à moi, d'autorité ! Comme si le lien que j'ai pu former, je ne pouvais le défaire !

Pour m'obliger, invoquera-t-on l'intervention de l'Etat ? Mais, d'abord, la plupart de mes devoirs sont antérieurs à sa formation et survivraient à sa destruction. Et puis, ceux qui en appellent à l'Etat comme au principe d'obligation morale ne voient en lui que la résultante des volontés individuelles, et tournent dans un cercle vicieux, d'où ils ne sortiront qu'en s'attachant à des principes surhumains, c'est-à-dire religieux.

La liste serait longue de tous les succédanés imaginés pour les remplacer. L'intérêt, sous toutes ses formes, a été érigé en système unique de morale par les *utilitaires*. Malgré leurs efforts, les consciences honnêtes ne confondront jamais l'utile, l'avantageux avec l'honnête, l'égoïsme avec la vertu, l'esprit de sacrifice avec un défaut de calcul. L'un nous dit que le principe de la morale consiste à subordonner l'inclination vers tel bien présent et inférieur à tel autre bien éloigné mais supérieur. L'autre s'imagine nous entraîner dans les rudes sentiers de la vertu, en nous avisant que nos bonnes actions concourent au progrès de l'humanité. Tel croit nous ravir d'enthousiasme en nous montrant d'avance les pages du siècle futur où seront retracés les progrès accomplis par la génération dont nous faisons partie (1). Un dernier, enfin, nous conseille de nous en tenir bonnement aux coutumes en vigueur autour de nous. Il oublie seulement de nous dire s'il approuve le musulman qui épouse un nombre indéfini de femmes, le chinois qui rejette son enfant nouveau-né, le sauvage enfin qui, fidèle à la coutume, tue ses parents devenus infirmes !

De tels jeux amusent peut-être les sceptiques bien rentés, rêvant à loisir, l'hiver, près d'un bon feu, dans une chambre bien capitonnée. Mais, au fond, ces philosophes n'ignorent pas qu'un homme, aux prises avec les difficultés de la vie, se souciera peu d'une morale que n'impose aucune autorité supérieure, que n'accompagne aucune sanction. Ils savent bien qu'avec des toiles d'araignée on n'arrête

---

(1) Buchner : *Der Fortschritt,* 1884, p. 36. — Ziegler : *Sittliches Sein,* p. 42.

pas les bêtes fauves et qu'on n'apaise pas la faim avec des bulles de savon.

Voilà, en raccourci, ce que les prétendus sages, hostiles à la révélation, ont imaginé de mieux pour supplanter les principes de la morale religieuse. Ingénieusement échafaudés, leurs systèmes produisent de loin sur l'œil inexpérimenté l'effet d'un imposant édifice. Regardés de plus près, à leur base surtout, ils ne tiennent pas : un souffle d'enfant les renverse.

3. — *Sans la foi, point de bonheur.*

La foi seule donne aux arrêts de la conscience, avec un complément de lumière la force et l'autorité qui les rendent efficaces. Elle seule également, dans les circonstances les plus critiques, est une consolation et un appui. L'homme qui, aux heures de ténèbres, de souffrance et d'angoisse, demande à une philosophie que n'éclaire et n'échauffe pas la foi, des encouragements, des paroles d'espoir, ne sent plus près de lui qu'une compagne aveugle, sourde, un cœur glacé, le laissant seul aux prises avec l'épreuve.

Percez le voile dont leur fierté s'enveloppe ; la tranquillité de parade, dont se drapent les plus fermes, ne vous paraîtra qu'une sombre résignation. — Le 24 mars 1898, M. Hanotaux, alors ministre des affaires étrangères, prononçant, à l'Académie française, l'éloge de son prédécesseur M. Challemel-Lacour, décrivait en ces termes l'attitude du philosophe incroyant devant la mort : « Elégant et discret jusqu'au bout, il entra dans le *chagrin* d'abord, puis *dans le silence*, comme dans les anti-

chambres de la tombe... L'âme s'était repliée ; elle
se préparait, dans une sorte de taciturnité farouche,
aux inexprimables lendemains... C'était, conforme
à sa vie tout entière, la fin stoïque du vieux loup,
telle que l'a dite le poète des destinées :

> Fais énergiquement ta longue et lourde tâche,
> Dans la voie où le sort a voulu t'appeler,
> Puis après, comme moi, souffre et meurs, sans parler. »

Attendre avec la farouche résignation de la brute,
le coup fatal qui le fait passer du temps à l'éternité,
voilà donc, au dire d'un admirateur, l'idéal de l'incroyant. Sombre est sa mort ; non moins sombre
est sa vie. La philosophie, qui, au moment suprême,
ne lui propose rien de mieux que l'exemple du loup,
n'offre contre les épreuves de l'existence humaine
aucun vrai réconfort.

De grâce, quelle doctrine se cache donc sous le
« stoïcisme actif et vigoureux » dont l'académicien
fait honneur à son héros ? Que signifie cette « religion secrète et réservée, » cette « ambroisie dont les
grossiers mortels ne veulent pas ? » Qu'on appelle
ces conceptions philosophiques *pessimisme, positivisme, matérialisme, scepticisme, égoïsme trans-
cendantal, nihilisme,* elles n'en sont pas moins vides
et désolantes. Le devoir y apparaît comme l'effet de
la volonté individuelle de l'homme. La vie humaine
y est présentée sans vue sur *l'au-delà,* comme « une
chasse incessante, » dans une arène fermée par
des murs de granit, « où tantôt chasseurs, tantôt
chassés, les êtres se disputent les lambeaux d'une
sinistre curée ; » partout la lutte, la souffrance, puis
la mort sans réveil ; « ainsi dans les siècles des siè-

cles jusqu'à ce que notre planète éclate en mor-
ceaux » (1).

Puisque l'incroyant n'attend rien après cette existence terrestre, on peut bien dire que pour lui le
vrai bonheur n'existe pas. On voit, il est vrai, des
gens qui se disent incroyants et dont la vie, vue
par le dehors, semble heureuse. Mais on voit aussi
des criminels qui, joyeusement en apparence, mon-
tent à l'échafaud, tandis que le fond de leur âme est
livrée à la stupeur ou au désespoir. Ne confondons
pas le bonheur intime et véritable avec la joie exté-
rieure. Celle-ci n'est souvent qu'un masque, parfois
une menteuse caricature. N'oublions pas, d'ailleurs,
que, parmi les incroyants, il en est beaucoup de fort
superficiels : ceux-ci tâchent de vivre dans un étour-
dissement perpétuel de projets, de désirs et de sen-
sations. Quant aux conséquences logiques de leur
doctrine, ils n'y réfléchissent guère ; comme le poète
épicurien de Rome, ils se gardent bien de songer au
sort que leur réserve le lendemain.

Il y a pourtant, même pour les existences les plus
agitées, pour les âmes les plus mobiles, les esprits
les plus superficiels, un moment où les joies fac-
tices s'épuisent et disparaissent ; où l'intelligence et
le cœur se sentent à l'étroit dans le cercle borné
qu'enferme la vie présente. Alors des réflexions,
jusque-là refoulées, surgissent au fond de l'âme avec
une force irrésistible. En présence d'un deuil
inopiné, d'un brisement soudain, d'une souffrance
sans espoir de guérison, l'âme compare tristement
son désir ardent de connaître, de comprendre et

(1) Voir encore le discours prononcé à l'Académie par M. Hanotaux, le 24 mars 1898.

d'aimer avec les mesquines et caduques réalités, en dehors desquelles l'incrédule ne distingue rien. Il y a entre ce besoin légitime, incompressible de l'infini qu'il éprouve, et la sphère étroite, vulgaire où le mure sa croyance, un contraste si violent que la partie la plus intime de son être en est toute meurtrie.

Il aspire à voir le vrai, au foyer d'où partent tous ses rayons ; et il est enveloppé de ténèbres. Il souhaite de s'unir intimement, par la contemplation et l'amour d'un objet toujours le même, toujours vivant, qui, réciproquement, verse continuellement sur lui, par son regard, son souffle et l'influence de tout son être, les purs trésors d'une bonté et d'une tendresse inépuisables ; et, par contre, au lieu d'un océan d'affections pures, sans fond et sans rives, où il cherche à s'abreuver, ses lèvres ne sont humectées que de rares gouttes, dont sa soif est exaspérée. A la place du bonheur sans mélange et sans terme, que sa nature réclame, il trouve, au premier coup de sonde, le vide douloureux, la fin de toutes les jouissances d'ici-bas ; elles ne lui apparaissent profondes que parce qu'elles sont troubles et agitées. Puis, à mesure qu'il les sent diminuer et tarir au dedans comme au dehors, la disproportion entre ses joies et ses désirs s'accroît, son sort se révèle à lui plus affreux.

Il se croit jeté sur la terre, semblable à la vague roulée au hasard par l'océan ; et il se dit que, dans un instant, il disparaîtra comme elle, confondu dans la poussière ou dispersé aux quatre vents du ciel. De sa famille, de ses amis, de tout ce qu'il aime, il se voit séparé pour jamais. Plus il est aimé

et se sent pris par des liens étroits, plus douloureux et profond est le déchirement. C'est le sup-
plice d'un homme qui, en adressant aux siens un
dernier adieu, regarde le tombeau dans lequel il
sera muré vivant. A moins qu'il n'étouffe toute pensée et toute prévoyance, ses plaisirs les plus vifs,
par cela seul qu'il les sait éphémères, évoquent, au
moment même où il les goûte, de plus violents dé-
sespoirs et de plus âpres regrets.

Ce ne sont point là des peintures fantaisistes, des
fantômes créés par l'imagination surchauffée d'un
croyant. C'est la réalité même, qui se pose inexo-
rable en face de celui qui n'a pas la foi, dès que le
tumulte de ses impressions et le bruit du monde ne
l'étourdissent plus.

En voici l'aveu de la bouche de David Frédéric
Strauss, le père de l'incrédulité contemporaine, un
homme dont le cœur était aussi froid que le style,
et qu'on n'a guère l'habitude de ranger parmi les
âmes sentimentales : « On se voit, dit-il, engagé
dans cette monstrueuse machine du monde, aux
roues dentelées ; on l'entend siffler, frapper, broyer ;
pas un instant de sécurité ; d'un mouvement inexo-
rable la roue nous saisit, les marteaux nous écra-
sent, et ce sentiment d'abandon absolu a quelque
chose d'épouvantable (1) ! » Ne dirait-on pas un condamné qui, sonnant son glas funèbre, lui donne un
son plus déchirant ? Et à ce mal il ne trouve d'autre
remède que de ranimer en soi la pensée de l'évolution universelle, de continuer par le souvenir les
amitiés brisées par la mort, de se réjouir des beau-

(1) *Der alte und der neue Glaube*, 6ᵉ éd. Bonn., 1875. p. 368.

2

tés de la nature et de l'art, de s'associer par sympathie aux plaisirs et aux douleurs d'autrui, de remplir sa tâche et, enfin de « *s'abandonner aveuglément à la nécessité et d'être joyeux de mourir.* »

Ainsi, à toutes les douleurs humaines, l'athée n'offre rien de mieux que l'impassibilité de la mort : si la vie est intolérable, elle cesse au moins de peser sur ceux qui ne sont plus. De tous les conseillers du suicide, croyez-le bien, le plus persuasif n'est pas la souffrance ou la misère, mais le manque de foi.

Les statistiques nous apprennent que parmi les cent vingt ou cent quarante décès enregistrés chaque jour à Paris, il y a, en moyenne, de 2 à 3 suicides. Au moment où nous écrivons ces lignes on signale au cours de la semaine qui vient de s'écouler, sur 884 décès, 27 suicides et 17 autres morts violentes. De ceux qui succombent volontairement, il en est bien peu qui croient en Dieu et surtout au Christ (1). Les uns n'ont pas reçu d'éducation chrétienne ; d'autres, corrompus par les exemples pervers, les mauvaises lectures, dominés par leurs passions, ont étouffé la croyance qui était leur unique frein et leur dernier appui. Il n'est pas rare que le prêtre en écoutant les confidences de certaines âmes éprouvées, recueille de ces sortes d'aveu, qui, à la fois, l'attristent et le consolent : « Si je

_____

(1) Voir l'article de M. PROAL : *Les suicides par misère*, à *Paris*, (*Revue des Deux-Mondes*, 1er mai 1898). A noter cet aveu : « J'attribue le défaut de résignation à l'affaiblissement du sentiment religieux dans le Peuple de Paris. » p. 144. — Voir aussi l'article de M. HENRI JOLY : *Les suicides des jeunes à Paris*, d'après les archives du Parquet. (*Correspondant*, 10 avril 1898), en particulier, p. 62.

n'étais arrêté et soutenu par la foi, je ne résisterais pas à tant d'épreuves. »

Voilà pourquoi, s'il est louable de soulager les misères corporelles, et d'ouvrir aux indigents des maisons hospitalières, il est plus méritoire encore de soigner et de guérir les misères de l'âme, de donner aux désespérés la force de vivre, en leur faisant connaître, aimer et craindre Dieu, en leur montrant le chemin de l'espérance et de la foi.

Ah ! il est autrement consolant que l'exemple du loup cité par M. Hanotaux, l'exemple d'un Homme-Dieu subissant la mort pour m'en adoucir les amertumes, et me frayer la voie vers une vie glorieuse, immortelle ! — Quand Malesherbes vint annoncer à Louis XVI qu'il était condamné à mort, il ne put maîtriser ses sanglots. Quelle ne fut pas son admiration de voir le roi aussi calme que s'il eût été question, pour lui, d'un court voyage : « Ne pleurez pas, dit-il à son ancien ministre, nous nous reverrons dans un monde meilleur. » Le surlendemain, 21 janvier 1793, apprenant la fin héroïque de son prince, Malesherbes ne put s'empêcher de s'écrier : « Il est donc vrai que la religion seule peut inspirer une parfaite sérénité en un tel moment. »

Quant à lui, l'ancien protecteur des philosophes, qui s'était piqué de penser comme eux, il retrouva dans le malheur les convictions de son enfance. Un an plus tard, condamné à son tour à l'échafaud, il disait à son petit-fils de Tocqueville qui venait l'embrasser : « Mon ami, si vous avez des enfants, élevez-les pour en faire des chrétiens ; il n'y a que cela de bon (1). » C'était reconnaître que la foi est le

(1) *Les Lamoignon, une vieille Famille de Robe*, par L. VIAN. Paris, Lethielleux, 1896. p. 305, 306 et 311.

viatique indispensable, la condition de la vertu sans
défaillance et du vrai bonheur.

La vie morale, pour prospérer, exige donc une
atmosphère supérieure, où elle se renouvelle, s'ali-
mente, s'épure et se fortifie incessamment. Telles que
des plantes privées de soleil, les vertus de l'incroyant,
le plus heureusement doué, languissent d'ordinaire
et n'atteignent jamais leur plein développement.

Au contraire, éclairé, stimulé, soutenu par son
divin guide, l'homme qui a la foi se sent porté de
degré en degré, plutôt qu'il ne marche, vers la
perfection. Il gravit allègrement le rude sentier de
la vie ; il franchit plein d'espoir le sombre passage
de la mort. Et tout ce qu'il aime, ou du moins, tout
ce qui *mérite* d'être aimé, il ne le quitte un instant
que pour le retrouver.

Il est une patrie invisible, un asile indestructible
où toutes les âmes chrétiennes se donnent rendez-
vous. Ceux qui ne croient pas oublient vite. Pour
eux, disparue la fleur, rien ne reste du parfum qui
les charmait. Comment s'intéresser au néant ?
Dans le cœur, au contraire, de celui qui croit, et
surtout à l'autel du Christ, se perpétue le culte du
souvenir ; souvenir non point banal et impuissant,
mais suave pour ceux qui survivent, et salutaire
à ceux qui sont partis. « Ce que je vous demande
seulement, disait à son fils sainte Monique mou-
rante, c'est que vous vous souveniez de moi à l'autel
du Seigneur, en quelque lieu que vous soyez. »

La lumière et la paix que donne ici-bas la révélation ne sont que le crépuscule et l'avant-goût de
la vision et du bonheur réservés, dans la vie à venir,
aux âmes vertueuses. Pourtant, ces lueurs et ces

douceurs secrètes évoquées par la foi, nourries par la charité, prolongées par l'espérance, laissent loin derrière elles, par leur sérénité, tous les plaisirs terrestres et caducs. Quel incroyant, pour peu qu'il pense et réfléchisse, n'a maintes fois envié le sort de celui qui, à l'heure où tout sombre, embrasse quelque chose de permanent, de celui qui se dit : « Le Maître que j'adore, invisible par nature, s'est rendu sensible pour entrer en société avec moi ; à toute heure, il est là qui m'éclaire, m'aide, me console et me soutient. Il me communique la vie surnaturelle qui a sa source au pied de la croix ; il me stimule par ses préceptes, m'entraîne par ses exemples ; et de vertu en vertu, si je le veux suivre, m'emporte sur les ailes de son amour jusqu'à la ressemblance et l'union avec Dieu. » Pas de fardeau que cette conviction n'allège, pas de deuil qu'elle ne rende supportable. Quelles que soient ses épreuves, l'âme croyante cherche et trouve, par la prière, un refuge assuré dans le sein de Dieu. Là, comme l'oiseau, que la vigueur de ses ailes a élevé au-dessus de la sphère des tempêtes, elle plane dans une région sereine, à peine secouée par le contre-coup des orages qui grondent au-dessous d'elle.

CHAPITRE II

LES RAISONS DE CROIRE

1. La foi est une conviction ; preuves à l'appui. — 2. Athée ou catholique. — 3. Obligation de croire.

1. — *La foi est une conviction ; preuves à l'appui.*

Sur toutes les questions capitales, la religion seule peut donner à ceux qui s'y attachent la lumière, la certitude, l'espérance et la paix. La révélation ne comble pas seulement les désirs du cœur ; elle offre aussi toutes les garanties légitimes que peut exiger la raison. Examiner ces preuves sans écouter aucune prévention, c'est la première démarche qui s'impose pour acquérir la foi. Quel homme sensé croirait indigne de lui d'étudier une religion dont les plus grands esprits, tandis qu'ils étaient de sang-froid, ont toujours parlé avec admiration ; dont ses adversaires les plus acharnés, — tel Renan, — n'ont pu s'empêcher d'avouer qu'elle est « le plus beau code de la vie parfaite et de la religion absolue, » un système plausible aux yeux de la raison, qui jusqu'ici n'a guère été attaqué que par des « polissons ».

Sans doute, la révélation offre des côtés obscurs ; mais, dans l'ordre même naturel, quelle est la science qui n'ait ses mystères ? Douterez-vous de tout, parce que vous ne pénétrez le fond de rien ? Grâce à Dieu, autour de l'édifice du christianisme, la lumière perce assez les ténèbres pour nous laisser voir, avec ses proportions surhumaines, la mai du divin ouvrier qui l'a bâti, et le maintient debout contre le formidable assaut de toutes les passions coalisées.

A cette lumière mêlée d'ombre, l'esprit ne se fait pas tout d'un coup. Il y faut une préparation où Dieu et l'homme ont chacun leur part. C'est par un enchaînement de vérités dont l'une éclaire l'autre que l'on est conduit, sans violence, jusqu'au cœur de la révélation.

A moins de mettre en doute jusqu'à notre existence, il faut bien convenir qu'il existe un Dieu abso-

lument parfait. Trouvant son bonheur en lui-
même, cet être infini pouvait, sans aucun doute,
rester éloigné de nous, à qui, d'ailleurs, il ne devait
rien. Mais, si en considérant la nature de l'homme
et celle de Dieu, je n'ai pas le droit de conclure avec
certitude à l'existence de la révélation, cependant,
plus je médite sur la bonté illimitée du Créateur, sur
les tristes errements de la sagesse et de la philosophie
profanes, sur l'impérieux besoin de certitude que
nous éprouvons à l'égard de Dieu et de notre destinée, plus il me paraît non seulement possible, mais
vraisemblable, qu'il a voulu entrer en communica-
tion directe avec une créature capable de le connaître et de l'aimer, lui parler autrement que par la voix
de l'univers, et peut-être pousser la condescendance
jusqu'à lui découvrir les secrets de sa vie intime.

Les rapports de Dieu avec l'homme que la raison,
livrée à elle-même, soupçonne et que le cœur pres-
sent, il est aisé de les constater, si, sortant de la pure
spéculation, nous passons sur le terrain des faits.

Ici, nous voyons se dérouler un long cortège de
preuves, qui éclaire de ses mille rayons la physionomie divine du Christ. Depuis l'origine du monde,
il remplit le temps et l'espace de son nom, de son
histoire et de son influence. Il est annoncé et atten-
du comme un Dieu. Ouvrez l'Ancien Testament,
vous y trouverez décrites toutes les circonstances de
sa vie, de sa mort et de son triomphe. Il n'est pas
jusqu'aux nations païennes dont les récits ne
s'accordent avec ceux de la Bible et qui ne se tournent vers l'Orient, où doit naître d'une vierge leur
libérateur (1).

(1) PLATON Le Politique. XVI. éd. A.-F. Didot, vol. I,
p. 586.

Aussi, rien d'exagéré dans cette parole de Jean de Muller à Charles Bonnet : « Toute l'histoire s'éclaire à mes yeux depuis que je connais Jésus-Christ. »

Celui-ci n'est pas encore né et déjà il règne, à des degrés divers, sur les peuples de l'ancien monde, comme le soleil, auquel il est comparé par le psalmiste, avant de monter à l'horizon, jette sur les montagnes et dans le fond des vallées des clartés inégales, qui vont grandissant à mesure qu'il se rapproche. Les espérances de l'univers ont-elles été déçues ? Pour le décider, ouvrons le petit livre qui fait suite à l'Ancien Testament, le perfectionne et le complète. Une tradition ininterrompue, dont l'apologétique moderne a vérifié tous les anneaux, ne permet pas de douter que les Évangiles aient été réellement composés par saint Matthieu, saint Jean, saint Marc et saint Luc, c'est-à-dire par des témoins bien informés des événements qu'ils racontent. Or ces historiens qui ne méritent pas moins de créance qu'un Sénèque ou un Tacite, leurs contemporains, témoignent que les anciennes traditions ayant trait au Messie ont été réalisées, avec un accord admirable, dans la personne de Jésus-Christ. Les prophéties de l'Ancien Testament, celles du Nouveau, les miracles du Christ et de ses disciples, la perfection de sa vie, de sa morale et de sa doctrine, son pouvoir incomparable pour transformer les individus comme les sociétés qui l'adorent : voilà par où se révèle la céleste origine du christianisme. Tout y trahit la voix d'un Dieu, inimitable à la créature.

N'y eût-il, au lieu d'une longue suite de miracles, qu'un seul fait avéré, celui de la résurrection du Christ, il n'en faudrait pas davantage pour justifier pleinement notre foi. De providentielles circonstances donnent à cette preuve une force singulière. Le Christ vient d'être crucifié et enseveli. Dispersés, craintifs et consternés, les apôtres semblent ne plus se souvenir que leur maître a prédit qu'il sortirait du tombeau. Quelques jours s'écoulent ; et voici que soudain ces hommes sont transformés. Tous, ils prêchent intrépidement que Jésus de Nazareth est ressuscité d'entre les morts.

Se tromperaient-ils ? Impossible : le Christ leur est apparu plus de dix fois ; il a mangé avec eux, leur a fait toucher son côté transpercé, s'est élevé en leur présence dans les cieux. Voudraient-ils nous duper ? Mais à quelle fin ? Si pervers que soit un homme, il ne se plaît point à mentir, sans qu'il y trouve quelque avantage. Or étudiez de près les apôtres : il y a dans leur parole un accent de parfaite loyauté, ils conviennent de leurs anciens torts, ils s'accusent, ils s'humilient, ils ne nous cachent pas qu'il ont abandonné leur maître sur le chemin du Golgotha. Et pourtant, les voilà fermes, obstinés, unanimes à prêcher que le Christ est vraiment ressuscité.

Si Jésus n'a pas triomphé de la mort, ses disciples sont complices d'une exécrable imposture ou frappés de folie. Car toutes les espérances fondées sur lui croulent ; s'ils ont de la droiture et du sens, un seul parti leur reste : c'est d'avouer leur erreur. A ce prix, la bonne grâce des Juifs leur est assurée. Mais vouloir imposer à l'adoration de l'univers un corps sans vie et sans vertu, et qu'un sacrilège mensonge a déshonoré, quel crime et quelle sottise ! Qu'ont-ils à espérer ? Sur la terre, un échec certain, accompagné ou suivi des supplices les plus infamants ; et

après cette vie, les éternels tourments que le Dieu
juste et jaloux auquel ils croient, réserve aux impos-
teurs pleinement conscients de répandre un culte
idolâtre.

Et pourtant ces hommes simples, timides et crai-
gnant Dieu, marchent, sans jamais hésiter, à la con-
quête du monde, ne doutant pas qu'il tombera tôt ou
tard à genoux devant leur maître crucifié. Les inju-
res, les mépris, ce que la cruauté humaine a de plus
raffiné et la mort de plus horrible, ils l'affrontent
d'un front serein et d'un cœur joyeux. On a vu, j'en
conviens, des fanatiques épris d'une idée fausse la
défendre jusque dans la mort. Mais jamais, non jamais, on ne nous montrera des hommes vraiment
religieux qui sacrifient leur honneur, leur vie, une
âme qu'ils savent immortelle, pour affirmer un fait
sensible, aisé à constater et dont ils connaissent parfaitement la fausseté.

Expliquer l'origine et la merveilleuse histoire
du christianisme par l'illusion ou l'imposture, est-ce
autre chose que donner le vice ou la folie pour sup-
port aux plus admirables vertus, que faire du Créateur le complice d'une erreur ou d'un mensonge ?
N'est-ce pas nier la Providence et l'existence même
de Dieu ? — A ces dogmes, dans l'ordre actuel, s'unit
aussi, par les liens les plus forts et les plus étroits,
la divine origine de l'Eglise catholique.

Assurément, le Christ, en fondant sa religion, a
voulu qu'elle fût transmise une et invariable aux
apôtres et à leurs successeurs ; que par eux elle
s'étendît à travers tous les siècles et toutes les nations, pour devenir la règle souveraine des intelli-
gences et des volontés, leur donnant une même nais-

sance spirituelle, comme aux enfants d'une seule
mère, les unissant dans une même foi, leur proposant un même idéal de perfection absolue à réaliser
par la participation aux mêmes sacrements.

Pour remplir son dessein, le Christ — et cela devait
être — a établi une société hiérarchique, dont les
chefs reçoivent leurs ordres sacrés, leur autorité,
leur symbole de foi et leur mission de lui et de ses
successeurs immédiats, les apôtres. Qu'un seul
anneau de la chaîne ininterrompue qui doit les relier
à l'Église primitive soit brisé, et tous ceux qui en
dépendent rompent avec la société voulue et réalisée
par Notre-Seigneur.

Aussi son divin fondateur a-t-il voulu que, pour
maintenir l'accord dans la foi et la discipline entre
ses divers membres, elle possédât toujours un chef,
centre d'autorité et juge suprême des controverses ;
principe d'unité et de vie d'autant plus nécessaire à
l'Église que celle-ci se dilate davantage et étend plus
au loin à travers l'espace et le temps ses vigoureux
rameaux.

« S'il n'existait une primauté dans l'Église, disait
le protestant Hugo Grotius, les controverses seraient
interminables, comme elles le sont dans le protes-
tantisme (1). » La divine institution d'un juge infail-
lible, dans les questions qui touchent à la foi, est,
d'ailleurs, nécessaire, pour l'éducation du genre
humain. Cette pensée, on le sait, frappa vivement
Augustin Thierry, au cours de ses études historiques ; elle fut le trait de lumière qui le conduisit
droit à l'Eglise catholique (2).

(1) Hugo Grotius. *Via ad pacem Eccles.*, titul. VII., op.,
t. IV, édit. Basil, p. 658.
(2) Lettre de Gratry, *Conn. de Dieu*, t. I, append.

Voilà pourquoi l'Église ne peut être une société
particulière, limitée à un siècle, ou à une nation. Elle
doit embrasser toutes les nations comme tous les
siècles. Il est donc nécessaire qu'elle demeure toujours visible et qu'elle apparaisse à tous les yeux
attentifs, non seulement unique, catholique, apostolique, mais sainte dans ses lois, ses dogmes, sa
discipline, merveilleuse école de sainteté, où ne cesse
jamais de fleurir, avec l'humble piété, l'éclatante
vertu des miracles.

Or ces notes caractéristiques de la véritable Eglise
instituée par Notre-Seigneur, l'Église romaine seule
les possède ; seule entre les sociétés chrétiennes, elle
est une dans ses dogmes, sa discipline, ayant un
organe central indispensable au maintien de l'unité ;
seule elle est à la fois sainte, catholique et apostolique, et depuis dix-huit siècles met sur les lèvres de
ses enfants ces paroles des apôtres : « Je crois à
l'Église une, sainte, catholique et apostolique. » —
« Les sectes, dit le docteur protestant Martensen,
veulent bien se mettre en rapport avec les apôtres ;
mais elles ont perdu le fil historique qui le leur
permettrait. »

2. — *Quiconque ne renie pas Dieu doit aboutir au catholicisme.*

Nous ne pouvons qu'indiquer ici les preuves de
la religion chrétienne et catholique ; il faut, pour
en comprendre toute la force, les voir développées
tout au long dans un traité d'apologétique. Simple-
ment exposées, elles ont une incontestable clarté. Il
est, du moins, évident qu'on ne peut regarder comme
déraisonnable ou imprudent celui qui y adhère. Un

homme sensé, dans les affaires même les plus impor-
tantes, exige-t-il des motifs plus impérieux pour se
décider ? Qu'il ait une chance contre vingt de sauver,
par ses efforts, sa fortune, sa vie, son honneur, et il
compte pour rien les plus rudes fatigues. Eh bien,
de la révélation nous avons des preuves absolument
concluantes. Elle ne répond pas seulement à nos désirs les plus élevés et les plus ardents ; elle n'est pas
seulement une source de paix et de bonheur pour
l'individu, la famille et la société. Elle s'impose
aussi comme venant de Dieu par des signes écla-
tants ; en sorte que les renier, c'est par contre-coup
s'attaquer à la Providence, au dogme de la survi-
vance de l'âme, aux principes mêmes sur lesquels
se fonde la différence entre le bien et le mal et qui
sont la base de l'ordre moral et social. Aussi, des
positivistes, comme le blasphémateur Proudhon, dans
son ouvrage *De la Justice dans la Révolution et
l'Église*, et dans ses *Confessions d'un Révolution-
naire,* conviennent-ils qu'il n'y a pas de milieu, pour
un esprit logique, entre l'athéisme et le catholicisme ;
que « l'Église catholique est la plus pure, la plus
complète, la plus éclatante manifestation de l'essence
divine ; qu'il n'y a qu'elle qui sache l'adorer... »

Plusieurs de ceux qui excluent la révélation se
piquent d'une prétendue religion naturelle ; mais
c'est un jeu d'équilibriste où bien peu se main-
tiennent. Quelques-uns, témoin Jules Simon, vont,
tôt ou tard, au Christ, qui, les bras ouverts, les
attend sur la croix. Quant aux autres déistes, leur
Dieu devient vite sourd, aveugle et muet ; il cède
la place au Dieu du panthéiste. Voyez Renan : après
avoir renié l'Église catholique, il ne voit bientôt plus

dans la Providence et l'immortalité de l'âme que « de bons vieux mots un peu lourds ». La vieille morale suit aussi la déroute du dogme. Il en vient à regarder comme une vanité la chasteté, la fidélité conjugale, comme les autres vertus, et finit par incarner dans le libertin « la vraie philosophie de la vie (1). »

La vue des funestes conséquences de l'incrédulité confirme la justesse de ces belles paroles de La Bruyère, dans son chapitre sur *les Esprits forts :* « Si ma religion est fausse, voilà le piège le mieux dressé qu'il soit possible d'imaginer ; il était inévitable de ne pas donner tout au travers et de n'y être pas pris... Où aller ? où me jeter, je ne dis pas pour trouver rien de meilleur, mais quelque chose qui en approche ?... Il m'est plus doux de renier Dieu que de l'accorder avec une tromperie si spécieuse et si entière. » En effet, comment croire en Dieu et tenir en même temps la religion chrétienne pour fausse ? En ce cas, l'erreur, si erreur il y avait, remonterait jusqu'à lui.

Mais il est impossible que l'athée ait raison ou que Dieu nous trompe. Si profonds que soient les abaissements du Créateur dans une religion pleine de mystères, l'étonnement cesse quand on songe à ce que peut la divine miséricorde. Elle nous donne la clef des choses les plus incompréhensibles. On le sait, la seule pensée que la puissance et l'amour infinis sont la cause de tant de merveilles, suffit, au témoignage de Bossuet, à ramener de l'incrédulité à la foi la princesse Palatine.

(1) *Revue des Deux-Mondes,* 15 nov. 1882, p. 254 ; 1er nov. 1880, p. 77.

3. — L'obligation de croire.

Quand un homme, comme il y est tenu, prête une sérieuse attention à ces preuves fondamentales de la religion ; quand il s'efforce d'en saisir toute la valeur, le moment vient vite où la vérité lui apparaît assez clairement pour motiver un acte de foi. Dès lors, croire n'est pas seulement faire œuvre de sens et de sagesse ; c'est remplir un devoir rigoureux. L'homme qui, éclairé sur la vérité de la révélation, recule devant l'acte de foi, sera condamné : *Qui non crediderit condemnabitur.* Dieu, en nous proposant ses dogmes et ses préceptes, ne nous permet pas de les rejeter au gré de notre humeur.

Prétendre que l'obéissance est de notre part facultative, c'est une hypothèse à tous égards insoutenable. Notre Maître, selon l'expression de l'Écriture, remue le ciel et la terre pour nous instruire et nous apprendre la manière dont il veut être honoré ; il nous presse, il exhorte, il menace, il s'immole dans sa nature humaine pour cimenter de son sang les pierres de l'Église, où il nous presse d'entrer. Après le Christ, les apôtres répètent qu'il n'est point d'autre nom sur la terre, hormis celui de Jésus, dont la vertu puisse nous sauver, et qu'un Évangile différent du sien, vînt-il du ciel, il ne faudrait point l'écouter. Le commandement divin pouvait-il être à la fois plus rationnel et plus pressant ?

Pour esquiver cet ordre, on nous dit : la révélation n'est-elle pas un privilège ? Sans doute, mais un privilège que nous impose d'autorité, en vue de notre bonheur et de sa propre gloire, celui dont nous dépendons corps et âme. La vie surnaturelle

qui nous est offerte et à laquelle nous sommes ini-
tiés par l'acte de foi, il n'est pas plus permis de nous
y soustraire que d'étouffer en nous la vie naturelle
par le suicide. Pour qui a quelque souci du respect
dû à Dieu et de ses propres intérêts, c'est donc un
crime ou une folie de renier la foi ou de ne point
faire effort pour la reconquérir. Vainement cherche-
rait-on une sérieuse excuse qui libère la conscience
de ce devoir urgent, on n'en trouvera pas.

CHAPITRE III

LES DISPOSITIONS POUR CROIRE

1. L'orgueil d'une raison trop exigeante, grand obstacle ; exemple
de Renan. — 2. Nécessité d'une adaptation : Humilité ; prière.
— 3. Autres obstacles : Les sens et le cœur. — 4. Les écarter
par la docilité, l'esprit de sacrifice, la fidélité aux bonnes œuvres.

1. — *L'orgueil d'une raison trop exigeante, grand obstacle ; exemple de Renan.*

En examinant les preuves de la religion, qui sont
développées tout au long par les apologistes catholiques, il importe de se mettre en garde contre une
déception, où se heurtent la plupart des rationalistes,
et qui, dès les premiers pas, peut compromettre une
conversion. Qu'on ne cherche pas dans ces arguments, tout concluants qu'ils soient, l'évidence immé-
diate et l'absolue clarté des axiomes mathématiques.
Demander à tout un ordre de vérités un genre de
démonstration qu'elles ne comportent pas, c'est un
vice de méthode qui, à l'avance, frappe toute recherche de stérilité.

Il est diverses classes de connaissances dont l'objet, d'ailleurs absolument certain, ne se découvre

pas sous le même jour (1). Telles vérités sont plus à notre portée et se laissent mieux saisir que d'autres ; elles ne s'adressent qu'à l'intelligence et n'intéressent à aucun degré les facultés affectives, c'est-à-dire le cœur et la sensibilité. Les vérités religieuses, au contraire, entraînent pour ceux qui les reconnaissent de graves conséquences, dont l'appréhension suffit à porter le trouble au fond de l'âme. Quand on les considère, du cœur surtout s'élèvent des nuages, qui offusquent la clarté des meilleurs raisonnements.

Elle est donc plus vraie qu'il ne semble de prime abord, cette parole de Vauvenargues : « C'est le cœur qui doute dans la plupart des gens du monde ; quand le cœur se convertit, tout est fait, il les entraîne. » Une raison altière, exigeante à l'excès ; des passions qui s'accommodent mal du joug religieux, tels sont les principaux obstacles à la foi.

Pourquoi, dans notre siècle, de tant d'âmes que l'on croirait s'élancer vers Dieu, un petit nombre seulement le rencontrent-elles ? Entendez-vous les plaintes, parfois déchirantes, de tous ces enfants prodigues de l'Eglise catholique qui soupirent vers la foi perdue ? « Je voudrais avoir la foi et les vertus de ma mère ! » — « Mon Dieu, faites-moi croire ! » s'écrient-ils en prose et en vers. D'où vient que ce mouvement, d'ordinaire, n'aboutit pas, et que les projets de conversion avortent, à peine ébauchés ? Serait-ce un indice que Dieu n'entend pas ces sanglots d'un cœur endolori, ou, s'il les entend, qu'il les dédaigne ? Non assurément ; la voûte d'airain, immobile au-dessus de nos têtes et contre laquelle se bri-

(1) Voir OLLÉ-LAPRUNE : la *Certitude morale*.

3

seraient les plaintes humaines, n'est qu'une fiction des poètes. Il n'est pas de vœux, si timides soient-ils, que Dieu repousse ; mais il attend mieux que des désirs fugitifs, aussitôt évanouis qu'ils sont éclos.

Sincères, croyons-nous, en de rares moments, ces plaintes ne sont pas soutenues par la prière humble et persévérante qui frappe sans se lasser aux portes du monde invisible ; elles sortent d'un cœur qui continue d'obéir à ses passions terrestres, indocile à suivre les inspirations d'en haut. Si, par intervalles, il s'humilie comme pour adorer, il se redresse bientôt, dans l'attitude de la défiance ou de l'orgueil. Inconscients ou non, nous voudrions plier Dieu à nos caprices vraiment trop exigeants. Comme Thomas, l'incrédule, nous voudrions que le Christ nous fît palper, avec sa chair sacrée, la vertu même de sa divinité ! Nous ressemblons au malheureux qui, tombé, la nuit, dans un précipice et voyant un guide charitable se présenter à lui pour l'en arracher, repousserait ses avances et exigerait pour le suivre qu'il se montrât en plein jour.

A cet égard, rien de plus tristement instructif que la crise qui, il y a cinquante ans, jetait Renan du sanctuaire où il allait entrer parmi les pires ennemis de la religion catholique. Lui aussi, à en juger par ses confidences, a laissé éclater quelques regrets ; mais combien arrogants et altiers, vis-à-vis de la Providence ! Il n'abdiquerait pas sa foi, écrivait-il à sa sœur, le 11 avril 1845, « si Dieu lui accordait, en ce moment, cette illumination intérieure qui fait toucher l'évidence et ne permet plus le doute ». Il convient en même temps que tenir la religion chrétienne pour fausse, c'est faire preuve d'un esprit borné, car jamais

« le mensonge ne peut produire d'aussi beaux fruits (1) ». En dépit de ces derniers aveux, Renan, qui fut, on le sait, un pauvre logicien, hésite et doute. Et comme s'il voulait se décharger de la terrible responsabilité qu'il encourt, il s'ingénie à montrer son état d'âme comme la résultante fatale des circonstances. « Il ne dépend pas de lui de voir autrement qu'il ne voit », dit-il à sa sœur ; et celle-ci, depuis longtemps émancipée de toute idée religieuse, encourage le libre penseur encore timide et lui répond qu' « il ne dépend de personne de s'obliger à croire ».

Par de discrètes insinuations, par des mots savamment évocateurs, cette femme, dont la culture intellectuelle et la distinction d'esprit n'atténuent pas les immenses torts, excita, fortifia ses inclinations au scepticisme en matière religieuse et son horreur naissante de la discipline cléricale. Un manque *absolu* d'humilité chez Renan, la lecture des philosophes sceptiques ou panthéistes d'Allemagne, avant de s'être armé d'une bonne logique pour démêler leurs sophismes, achevèrent d'en faire un apostat. Il n'est pas même nécessaire de supposer chez celui qui écrira plus tard l'*Abbesse de Jouarre* et donnera aux jeunes gens des conseils peu édifiants, certains motifs d'ordre intime qui ne se disent pas. En tous cas, nous ne consentons pas à voir en Renan, comme on l'a dit, « un esclave de sa conscience », un homme loyal, « fidèle à son devoir ». Non, vous aurez beau chercher dans sa vie et ses écrits, vous n'arriverez pas à saisir un caractère généreux et droit.

(1) Lettre du 11 avril 1845. (*Revue de Paris*, 1ᵉʳ septembre 1895, p. 58.)

Croyez-le bien, quand il commence ses études de philosophie et de théologie au séminaire, ce ne sont ni les austères obligations de la vie sacerdotale, ni les charmes de la vérité qui l'attirent. Il étudie avec ardeur, mais pour se distinguer. Jamais il ne vise, durant ses heures de travail, à glorifier plus tard son Dieu, à éclairer, consoler et relever les âmes. Ce ministère convient aux esprits communs ; il se croit d'une essence supérieure, si on en juge d'après ses *Souvenirs d'enfance et de jeunesse*. « La première fois, nous dit-il, avec une pose de paon, que mes condisciples m'entendirent argumenter en latin, ils furent surpris. Ils virent bien alors que j'étais d'une autre race qu'eux et que je continuerais de marcher quand ils avaient trouvé leur point d'arrêt (1). » Un peu plus tard, il confie à sa sœur qu' « une réputation commencée l'assure déjà qu'il parviendrait à sortir de l'insipide vulgaire ».

De tels hommes sont trop épris d'eux-mêmes, pour tout sacrifier à la vérité, surtout à la vérité religieuse dont s'accommode mal leur amour-propre. On peut croire Renan, d'ordinaire si discret sur ses défauts, quand il écrit à l'un de ses amis de séminaire, l'abbé Cognat : « Je suis fort égoïste ; retranché en moi-même, je me moque de tout (2). » Où l'on peut douter de sa sincérité, c'est quand il déclare à ses lecteurs que la perte de la foi est chez lui la résultante de ses études dans l'histoire et l'exégèse. En réalité, dès les premiers mois de sa philosophie, l'esprit

(1) *Souvenirs d'enfance et de jeunesse*. (*Revue des Deux-Mondes*, 1ᵉʳ novembre 1880, p. 91.)

(2) Lettre à un ami du séminaire, l'abbé Cognat, dans le *Correspondant* du 25 janvier 1883, p. 337.

d'indépendance, le désir de se distinguer et la fausse
direction intellectuelle où il s'engage, à l'insu de ses
maîtres, le jettent vite hors de la droite voie. Il
estime, en effet, que « la première condition de la
philosophie naturelle est de n'avoir aucune foi préalable ». Dans son langage, cela signifie qu'il faut
débuter dans cette étude par un doute réel, effectif,
universel. C'est une méthode erronée et très dan-
gereuse ; celui qui ne se fie ni à l'aptitude de la
raison à discerner le vrai du faux, ni au fonds indispensable de connaissances, qui lui sont transmises
par voie d'autorité, celui-là, s'il est conséquent, res-
tera enfermé dans son scepticisme.

Renan, ses confidences le prouvent, a cessé de
croire au témoignage de la raison humaine, quand
il rejette les données de la foi. « On est frappé,
observe-t-il, de l'incertitude de toutes les opinions
qui ne sont fondées que sur la raison (1). »

« Je perdis de bonne heure, raconte-t-il ailleurs,
toute confiance en cette métaphysique abstraite qui a
la prétention d'être une science en dehors des autres
sciences et de résoudre à elle seule les plus hauts
problèmes de l'humanité. La science positive m'ap-
parut dès lors comme la seule source de la vérité (2). »
Bref, il doute déjà de l'existence d'un Dieu person-
nel et de la spiritualité de l'âme ; et, au lieu de chercher dans la prière, auprès de ses maîtres ou dans
les grands apologistes chrétiens la solution de ses
difficultés, il se dresse de toute sa petite taille, pour

(1) Lettre d'Issy, 15 sept. 1842. (*Revue de Paris*, 15 août
1895.)

(2) *Souvenirs d'enfance et de jeunesse*. (*Revue des Deux
Mondes*, 15 décembre 1881, p. 741 et 742.

lutter, selon son expression, avec Dieu. Et comme s'il n'était point assez fort et hardi pour secouer par lui-même le joug de la religion, il cherche dans les objections de ses livres de classe, surtout dans la métaphysique brumeuse de Kant et de ses successeurs, des raisons qui encouragent ses instincts de libre penseur. Lui qui prétend rejeter toute autorité en matière philosophique, il écrit à sa sœur : « J'aime beaucoup la manière de tes penseurs allemands, quoique un peu sceptiques et panthéistes. Si tu vas jamais à Kœnigsberg, je te charge d'un pèlerinage au tombeau de Kant (1). »

En définitive, si Renan a cessé de croire, c'est donc sa faute. Lui-même avoue qu'à ce point de vue, il n'est pas sans reproches (2). On serait tenté non point de l'excuser entièrement, mais de le plaindre quand, avec tous les dehors d'une vive émotion, il s'écrie : « Que de fois j'ai maudit le jour où je commençai à penser, et j'ai envié le sort des simples, que je vois autour de moi si contents, si paisibles ; Dieu les préserve de ce qui m'est arrivé (3) ! » Mais là encore se trahit sa colossale vanité, et l'on songe avec tristesse et indignation aux quarante années consacrées par cet homme à tuer dans l'âme des croyants la foi à Dieu, au Christ, à la vertu et à une vie future, sachant bien d'ailleurs que toute éclipse de la religion chrétienne entraîne avec elle un immense déclin dans la morale et le vrai bonheur du monde civilisé. Tout s'explique si on se souvient

(1) Lettre du 15 décembre 1847.
(2) Lettre à l'abbé Cognat. (Le *Correspondant* du 25 janvier 1883, p. 314.)
(3) Lettre du 21 juin 1845. (*Revue de Paris*, 1ᵉʳ septembre 1895.)

que Renan était, de son aveu, fort enclin à « se moquer de tout » et à « manquer de franchise dans le commerce de la vie (1) ».

2. — *Nécessité d'une adaptation : humilité, prière.*

Nous savons pourquoi Renan apostasia : l'humilité, la droiture et la générosité d'âme lui firent défaut. Ceux qui à travers des épreuves douloureuses conservent la foi ou la conquièrent, comme Maine de Biran, Marceau, Gratry, Lacordaire, Louis Veuillot, Augustin Thierry, etc., suivent le chemin opposé. Ils cherchent, ils aiment la lumière, non pour devenir plus savants, mais pour devenir meilleurs ; ils ne s'acharnent point à trouver Dieu en défaut pour se dispenser de croire et de soumettre leur vie à ses préceptes. Ils vont à lui avec leur âme entière. Ils savent que ce n'est pas toujours assez, pour connaître pleinement la vérité religieuse, de la faire poser devant la raison comme l'objet devant la chambre noire du photographe. La foi n'est pas « un précipité chimique » qu'il faut considérer d'un regard curieux et désintéressé, un « phénomène objectif qui se passe en nous et devant lequel nous devons rester passifs (2) ». Tout au plus, la méthode prônée par les positivistes serait-elle suffisante, appliquée aux questions d'ordre moral, si le regard de l'âme humaine était parfaitement pur. Malheureusement, même après que les preuves des vérités religieuses ont été clairement exposées, il peut y avoir en nous des obstacles qui les empêchent d'agir et

(1) *Revue des Deux-Mondes*, 15 novembre 1882, p. 255.

(2) *Examen de conscience philosophique*, par M. Ernest Renan. (*Revue des Deux-Mondes*, 15 août 1889, p. 721.)

d eproduire la conviction. Pour en être bien pénétrés, il est besoin de préparer et d'accommoder notre âme, par une sorte d'épuration intérieure, à recevoir la lumière qui nous vient des hommes et surtout celle qui descend directement de Dieu.

Est-ce que toute connaissance ne requiert pas une adaptation préalable entre l'âme et son objet ? C'est là une des lois essentielles qui président à l'éclosion de la pensée et même de la sensation ; en sorte que les philosophes ont défini la vérité connue : l'assimilation ou l'équation entre le sujet connaissant, c'està-dire l'intelligence, et l'objet connu dont elle reproduit les traits. *Veritas est adæquatio inter rem et intellectum.* Or il est bien évident que plus une faculté sera bien disposée et dégagée des obstacles qui arrêtent, détournent ou dénaturent l'action de l'objet qui s'y reflète, plus la vérité y resplendira fidèle et précise. Un miroir déformé, ou seulement couvert çà et là d'un peu de vapeur ne présentera de son objet qu'une image confuse et menteuse. Plus parfait que les instruments sortis de nos mains, l'œil s'accommode avec une rare souplesse à la distance et aux dimensions des choses qu'il contemple. Mais un brin de paille, placé devant lui, c'est assez pour troubler la vision. Au lieu d'un obstacle extérieur à l'œil ou d'un accident transitoire, supposez un vice organique, le daltonisme par exemple. Dès lors, l'œil ne sera plus sensible aux rayons rouges, verts ou violets.

Dans les choses du cœur, il y a également des faits qui, évidents pour les uns, restent pour les autres des énigmes indéchiffrables. Il n'est pas rare d'entendre des personnes se plaindre qu'elles ne sont

pas comprises. Je veux bien avouer que ces natures-
là ne sont pas toujours transparentes. Mais il n'en
ressort pas moins que certains états d'âme sont
lettre close pour des esprits doués peut-être d'une
science profonde, mais qui manquent de je ne sais
quelle délicatesse et flexibilité de sentiment, et dont
le tempérament froid et concentré ne s'harmonise en
rien avec le caractère auquel ils se heurtent.

Toute dissonance trop forte entre l'âme et les vérités d'ordre moral qui lui imposent de graves obligations l'empêche aussi de les saisir : si les lois de
la géométrie, a-t-on dit bien des fois, s'opposaient
autant à nos passions et à nos intérêts présents que
les préceptes de la morale, leur certitude serait con-
testée et combattue à grand renfort de sophismes.

Ce jugement n'a rien d'exagéré ; nous voyons tous
les jours des consciences faussées par l'habitude du
crime, appeler, avec une demi bonne foi, ce qui est
bien, mal ; et ce qui est mal, bien. Tous vos beaux
raisonnements, par exemple, ne convaincront jamais
certains anarchistes que leur cause est injuste et
immorale, si vous ne redressez d'abord leur volonté.

Il est donc aisé de comprendre que, pour recevoir
l'empreinte fidèle de la vérité chrétienne, il soit nécessaire de l'étudier avec les dispositions dont le Christ
nous offre le parfait modèle, et, autant qu'il se peut,
de lui ressembler. L'un des traits humains les plus
saillants de sa physionomie est l'humilité. Aussi
l'exige-t-il tout d'abord de ceux auxquels il se communique : *Et cum humilibus sermocinatio ejus.* Au
contraire, c'est de loin qu'il regarde l'orgueilleux
qui, n'ayant rien que d'emprunté, se redresse pour
traiter avec lui d'égal à égal. La bonté l'ayant poussé

à se révéler, il devait sans doute se présenter à nous, environné de signes qui rendissent toute méprise impossible. Mais, en qualité de Seigneur et Maître, il avait en même temps le droit de s'imposer d'autorité à notre intelligence et à notre volonté, et de les contraindre à s'humilier devant les mystères cachés dans les abîmes de l'essence infinie.

Idéal achevé de la Justice et de la Sainteté, il exige moins de ceux qui l'approchent les dons d'une intelligence supérieure que l'excellence des dispositions morales. Et c'est de quoi il faut lui savoir un gré infini. Par là, il relève la valeur des convictions religieuses et en même temps les rend accessibles à toute bonne volonté. Si la facilité d'arriver à la foi, d'où dépend notre éternel avenir, se mesurait sur la pénétration d'esprit, le talent, le génie ou la science, et non sur la droiture d'âme et les efforts pour devenir meilleur, Dieu ne semblerait-il pas préférer à la culture morale la culture intellectuelle : ce qui, à coup sûr, ne pourrait manquer de nous choquer ?

La prière est à la fois un acte d'humilité et un acte de confiance en Dieu. Aussi est-ce l'un des moyens les plus nécessaires et les plus sûrs pour se préparer à la foi et obtenir du ciel plus de lumière et de force. Ce que disait le capitaine Marceau : «Je crois, parce que j'ai réfléchi et prié », combien de convertis pourraient le répéter ! Lancée d'un cœur humble et persévérant, la prière monte vers les cieux comme un trait acéré : elle pénètre, dit l'Écriture, la nue où Dieu se cache et en fait descendre la grâce comme une pluie fécondante sur une terre desséchée : *Oratio humiliantis se penetrabit nubes.* (Ecclesiastic., XXXV, 2.)

3. — *Autre obstacle : les sens et le cœur.*

Dieu s'éloigne de l'orgueilleux ; il se cache aussi à l'âme qu'absorbe le désir des jouissances terrestres. Elle n'est pas assez libre ni assez pure pour voir la vérité et la suivre. Elle ne se possède pas : comment se tournerait-elle vers Dieu ? Elle n'a de souci, elle ne vit que pour les objets dont elle est éprise. Si on lui parle d'une religion dont l'observation est incompatible avec l'état criminel où elle se complaît, elle s'en détournera comme d'un souvenir importun.

Que ne fait pas l'esclave des voluptés pour se distraire et s'étourdir ? Mis, pour ainsi dire, de force en face des preuves de notre foi, il se tourne d'instinct vers les objections et s'ingénie à trouver des raisons qui le dispensent de croire. Il n'est pas rare alors que la Vérité, méconnue, se venge en se voilant par degrés, de sorte que la conscience, d'abord inquiète, finit par se tranquilliser un peu et s'assoupir dans une obscurité qui est presque la nuit. Ainsi, quand la vase monte du fond d'un réservoir à la surface, l'eau perd sa transparence et ne reflète plus rien de l'azur des cieux. Les rayons du soleil qui l'enveloppent de toutes parts sont pour elle comme s'ils n'existaient pas. Délivrée de ses éléments impurs, elle redeviendra une nappe limpide où se réfléchiront les astres du firmament : Heureux ceux qui ont le cœur pur, car ils verront Dieu. — Un jeune homme ayant un jour proposé au P. de Ravignan ses doutes contre la foi, l'illustre prédicateur, avant de discuter avec lui, le détermina d'abord à se confesser. Quand l'enfant prodigue se releva, pleurant de joie et de repentir, les objections qu'il croyait insolubles avaient disparu.

Certes, nous ne prétendons pas que les obstacles
à la foi soient toujours de ceux qu'il coûte d'avouer,
comme l'attrait des jouissances sensuelles ou la cupidité. Beaucoup plus rarement, à coup sûr, que
parmi les catholiques croyants et surtout prati-
quants, on rencontre assez souvent, parmi les protestants et quelquefois même parmi les incrédules,
des personnes dont le sentiment est élevé, le caractère bienveillant, la vie honnête ou du moins exempte
de ces scandales auxquels prédispose singulièrement
la morale mondaine, autrement dite indépendante.
Sur la haute mer du scepticisme, on voit de ces
rares et privilégiés nageurs — *rari nantes* — qui se
soutiennent plus ou moins longuement près de l'a-
bîme où sombre la foule des libres penseurs.

Pourquoi ces âmes, qu'on dirait naturellement
chrétiennes, que la morale de l'Évangile attire, se
détournent-elles des dogmes qui en sont la base
nécessaire, et restent-elles ainsi hors de l'Eglise ?
Ne serait-ce pas la marque d'une certaine insou-
ciance au sujet de leurs devoirs envers Dieu et
de leur destinée ? On s'imagine avoir fait le tour
des preuves de la religion, et l'on déclare n'être pas
satisfait. De vrai, le catéchisme qu'on apprit autre-
fois, si on ne l'a pas oublié, n'a jamais été appro-
fondi. Pendant que les objections courantes de la
libre pensée continuaient de pénétrer sous mille
formes dans l'esprit, l'instruction religieuse, qui
aurait permis d'étouffer l'erreur ou de lui résister,
loin de se développer, s'arrêtait brusquement ou
même s'effaçait.

4. — *On écarte ces obstacles par la docilité, l'esprit de sacrifice, la fidélité aux bonnes œuvres.*

Chez ces hommes dont nous craindrions de médire, la distinction d'esprit, l'amabilité de caractère, rehaussées, si l'on veut, par une tenue correcte, s'allient aisément avec une indépendance d'esprit, souvent louable vis-à-vis des hommes, mais blâmable à l'égard de Dieu.

Sous une générosité réelle se cachent aussi les raffinements d'un égoïsme à peu près inconscient qui répugne à tout effort soutenu pour reconquérir la foi ; on ne veut pas rompre les attaches, renverser les obstacles qui séparent et isolent de Dieu. Comment un homme qui ne refuse à son esprit, à son imagination, à son cœur et à ses sens, aucun de ces désirs, aucune de ces jouissances ou de ces curiosités que la morale mondaine autorise, mais que la religion catholique condamne, enfermera-t-il sans quelque violence ses inclinations dans le cercle que lui trace la foi ? Il lui faudrait un désir du mieux plus intense, plus continu et qui se traduisît en actes. Il faudrait ne point admettre de degrés dans les renoncements nécessaires, ne point se réserver, comme Saül, la meilleure part dans les sacrifices que Dieu ordonne, en un mot se soumettre pratiquement à la vérité religieuse dans la mesure où elle se découvre, pour avoir le droit de dire qu'on est en règle avec sa conscience au sujet de la foi.

Le Christ est la vérité, mais la vérité en marche et vivante : *via, veritas et vita*. Pour le bien comprendre il faut l'imiter et le suivre. Toutes les bonnes œuvres rapprochent de lui. Les pratiques du christianisme observées avec un vif désir d'être éclairé ne manquent pas de réagir sur l'âme. Et qu'on ne dise pas qu'il est peu honnête d'agir extérieurement en chrétien sans avoir une foi parfaite, et qu'une telle conduite serait de l'hypocrisie. Comment voir un défaut de sincérité ou de prudence dans un homme qui, ayant à cœur de mener une vie vertueuse et agréable à Dieu, rentre d'abord dans le devoir autant qu'il dépend de lui, et travaille ensuite à mettre ses convictions en plein accord avec sa conduite ?

Sans doute, l'ordre logique demande que la raison soit avant tout instruite et éclairée. Et telle est la voie qu'il faut s'efforcer de suivre. Mais il serait téméraire de vouloir imposer des règles absolues aux opérations de l'Esprit divin ; celui-ci, avec une souplesse admirable, se fait tout à tous et, quand un esprit est droit, sait s'accommoder à sa méthode, fût-elle parfois extraordinaire. Il est des âmes qui ont besoin d'admirer et surtout d'aimer la religion pour la bien connaître et arriver à la certitude qu'exige l'acte de foi. En observant certains préceptes de la religion, elles en voient mieux la beauté, la grandeur et la sainteté. Et cette vue leur ouvre l'intelligence de ce qu'elles comprenaient mal. Au fond, c'est déjà la vérité qui se montre d'abord par ses côtés les plus aimables et se découvre peu à peu plus entièrement à mesure qu'on se rapproche d'elle et qu'on la chérit davantage.

N'est-ce point par ce détour que Maine de Biran à été amené à la foi ? Pressé par le sentiment de sa *misère*, il aspire d'abord à trouver au milieu des fluctuations de tout ce qui est mortel, quelque chose de permanent. Pour se rapprocher de Dieu qui seul ne

passe pas, il tâche de devenir meilleur, il prie, il
s'adonne aux « bonnes œuvres », et le goût suave et
la profonde quiétude qu'il éprouve doublent les
clartés de son intelligence, enfin initiée à la grâce
de la foi : *Gustate et videte quia suavis est Dominus.*
« J'ai vu, disait quelques jours avant sa mort le cé-
lèbre économiste Frédéric Bastiat, que la meilleure
partie du genre humain est du côté des croyants :
j'ai fait comme eux, j'ai pris la chose par le bon
bout, par l'humilité » ; et, purifié par le sacrement
de pénitence, il s'écriait en mourant : « La vérité,
oh ! je vois enfin la vérité (1) ! »

Cette méthode est conseillée par la prudence et
n'offre guère que des avantages, quand un homme,
en quête de la vérité dans l'ordre religieux, s'aperçoit que les ténèbres qui l'environnent tardent trop à
se dissiper. Il voit bien, malgré toutes les difficultés
qui l'arrêtent, que le catholicisme comparé aux autres systèmes de religion et de morale est sans con-
tredit le mieux prouvé, le plus raisonnable, le plus
logique, le plus admirable par les vertus qu'il suscite,
la paix intérieure qu'il établit, l'espoir qu'il provoque
et fortifie. Pourquoi, dès lors, craindrait-il de se
tromper, en soumettant son esprit et son cœur à
cette règle souveraine, puisque, tout compte fait,
c'est encore le parti le plus sûr ; puisqu'il est en droit
de présumer, sur l'autorité de nombreux exemples,
que la lumière tant souhaitée apparaîtra tôt ou tard
à un degré suffisant pour calmer ses inquiétudes.
Une noble convertie de l'anglicanisme, Lady Herbert
de Lea, a traduit la même idée en une phrase saisis-

---

(1) AUG. NICOLAS, *L'Art de croire*, t. II, p. 9.

sante dans sa pittoresque familiarité : « On s'imagine,
dit-elle, qu'il est nécessaire d'avoir dissipé tous les
doutes avant de franchir le dernier pas. Au contraire,
il faut faire le plongeon pour en arriver à tout voir
et à tout comprendre ; Dieu récompense de la sorte
notre foi et notre simplicité (1). »

Si, d'ailleurs, quelqu'un n'a pas assez de foi pour
se soumettre à des pratiques chrétiennes, il peut et
doit au moins supplier le divin auteur de l'univers de
l'éclairer et lui donner des gages de sa docilité. Fût-il
tenté contre Dieu, c'est encore à lui qu'il faut demander la force et la lumière. Celui qui prie et ne se
complaît pas dans le doute, porte en lui un germe
de foi que la grâce de Dieu entretient et développe à
travers les circonstances les plus diverses. Il grandit
sous les douleurs, les deuils, les épreuves de toute
sorte, sous les bonnes œuvres surtout, et un jour la
conscience s'aperçoit avec joie qu'en elle s'est épa-
nouie, pour ne plus se faner, la fleur céleste de la foi.

On ne s'étonnera pas de nous entendre nommer
ici un sympathique et brillant poète, que nous
avons l'honneur d'avoir pour voisin, et dont, sans
quitter notre bureau de travail, nous apercevons, à
cette heure, la calme demeure et le petit jardin,
pâle image de la *Fraisière*. On devine M. Coppée.
Lui-même nous racontait naguère, avec une émotion
et un charme pénétrants, comment, sous la pression
de la souffrance et le pieux souvenir de sa mère, a
jailli dans son cœur la prière, qui l'a remis en pleine
possession de la foi.

(1) *Comment j'entrai au Bercail*, traduction de M. de Beauriez.
Paris, 1898.

CHAPITRE IV

LE DEVOIR ET LA MANIÈRE DE CROIRE

1. Doutes obsédants ; leurs causes. — 2. Remède : Appe's à la raison et à l'intervention de la volonté. — 3. Elle est légitime, la foi étant un acte libre et vertueux, non moins qu'une conviction.

1. — *Doutes obsédants ; leurs causes.*

Dieu se manifestera donc tôt ou tard à celui qui le cherche de toute son âme et s'efforce de réaliser le bien dans la mesure où il se dévoile. Le point lumineux grandira de façon à dissiper tout doute sérieux. Même alors, cependant, pour ne point diminuer le mérite inhérent à la foi, Dieu proportionne sa lumière à nos besoins et, d'ordinaire, ne la prodigue pas. Toujours son objet, malgré les preuves irréfragables qui en montrent l'existence, reste lui-même dans un clair-obscur, impalpable et comme invisible.

C'est qu'une des conditions de l'acte de foi chrétienne est qu'il soit libre. Il est de sa nature que nous puissions, à notre gré, le poser ou bien l'omettre. Or comment pourrions-nous refuser notre assentiment à la divinité du Verbe, par exemple, si cette vérité, l'un des objets de notre foi, était en elle-même resplendissante de clarté. Alors, ce ne serait plus la foi, mais la science ; bien plus, s'il s'agit des vérités d'ordre surnaturel et des mystères, leur contemplation *sans voiles* serait la *vision béatifique*, acte d'intuition qui est le privilège des élus.

Entre celui qui *croit*, au sens propre du mot, et celui qui *sait*, la différence n'est pas dans un degré divers de certitude. Elle est en ceci, que l'homme de science saisit directement quelque chose de son objet.

Il le voit tantôt en lui-même, tantôt dans ses causes, tantôt dans ses effets ou dans quelque rayon qu'il projette. Au contraire, croire ou faire un acte de foi, c'est admettre une chose qu'on ne voit point, sur *l'autorité d'un témoin,* qui sert ainsi d'intermédiaire entre nous et l'objet. Il est clair que si le témoin est bien instruit de ce qu'il raconte et d'une probité éprouvée, conditions qu'il est souvent aisé de constater, nous serons aussi sûrs des faits qu'il nous annonce que s'ils se passaient sous nos yeux.

Néanmoins, quand ces faits sont anciens, éloignés, d'un caractère extraordinaire, l'intelligence, surtout si elle est poussée par le mauvais vouloir, se voit sollicitée par des difficultés plus ou moins spécieuses. Elle est portée à contrôler avec plus de sévérité ces preuves qui sont des miracles.

Et puis, plusieurs des vérités qui font partie de la révélation sont non point inintelligibles en elles-mêmes, mais incompréhensibles à notre raison ; et ces mystères, par une sorte de réaction, jettent quelques ombres sur les événements qui en attestent du dehors l'absolue certitude. Aussi, quand la raison sera éclairée et convaincue, tous les nuages ne seront pas, pour cela, dissipés. Et, plus les vérités, fondées sur le témoignage le moins suspect, seront élevées, plus l'esprit devra faire effort pour se débarrasser de pensées troublantes qui, telles que des oiseaux de nuit, voltigeront autour de lui. Les croyances les plus fermes et les plus éclairées ne sont pas toujours à l'abri de ces inquiétudes qui devancent la réflexion. Du moment que le doute survient comme par surprise, sans acquiescement de notre part, la foi demeure indemne.

2. — *Remède au doute : appels à la raison et à la volonté.*

Si obsédant que soit le doute, lui résister est toujours un devoir. Et la tâche devient aisée pour celui qui a su approfondir, ne fût-ce qu'une fois en sa vie, l'une ou l'autre des preuves classiques de sa croyance. A la suite d'un attentif et loyal examen, il a été convaincu que la foi ne déprime pas la raison, mais la perfectionne ; que son objet est aussi bien prouvé que la plupart des faits historiques, dont nul ne s'avise de douter, et qu'il est non seulement légitime, mais rigoureusement obligatoire de s'y attacher. L'intelligence, éclairée par ces preuves convaincantes qu'elle ne perd pas de vue, sait que les doutes, d'où qu'ils viennent, sont imprudents et illogiques.

Dès lors, si spécieuses que soient les objections qu'on lui oppose, un homme sensé répondra comme répondait le chef des incrédules, Voltaire, à des difficultés analogues : « Si on vous prouve une vérité, cette vérité existe-t-elle moins parce qu'elle traîne après elle des conséquences inquiétantes (1) ? »

Eh bien, les faits sur lesquels repose ma foi sont aussi incontestables que les exploits de César. Ces faits prouvent que le Christ est Dieu et a fondé l'Église catholique. Il importe peu qu'entre les conséquences qui découlent de ces faits il y ait plusieurs mystères, c'est-à-dire des choses dont je ne comprends pas la nature, parce qu'elle dépasse infiniment mon intelligence. Ma raison tient les deux bouts de la chaîne

(1) *Dialogues d'Évhémère.* Second dialogue : *Sur la Divinité.* Édit. du Journal *le Siècle,* t. VI ; p. 137. Même aveu dans ses *Remarques sur le bon sens,* éd. citée, t. IV, p. 746, et dans son *Traité de Métaphysique,* ch. II.

et tranquillise ma foi sur les chaînons invisibles qui les réunissent ; si, d'ailleurs, toute certaine qu'elle est du bien fondé de sa croyance, elle hésite et se trouble devant une difficulté qu'elle est impuissante à résoudre directement, elle trouve dans la volonté, pour l'aider à croire, un auxiliaire tout-puissant.

C'est le devoir de celle-ci d'intervenir. Pour déterminer indirectement l'acte de foi, il suffit qu'elle opère une salutaire diversion aux doutes importuns, qu'elle détourne l'esprit des difficultés plus ou moins imaginaires qui l'inquiètent et le ramène sur les raisons d'une valeur éprouvée qui le rassurent. Tel un matelot se dégage, de haute lutte, des récifs et des tourbillons ; puis, parvenu vers la haute mer, il ouvre ses voiles au seul vent favorable et se dirige droit vers le port.

En certaines circonstances l'action de la volonté est encore plus prompte et plus décisive. Obéissant à la voix de la raison et du devoir, sollicitée par les plus sacrés intérêts qui sont en jeu, elle peut et doit pousser directement l'intelligence, d'ailleurs suffisamment éclairée, à donner son assentiment, et l'entraîner, comme de haute lutte, à faire un acte de foi. Ainsi, un chef d'armée, sûr de la justice de sa cause, de l'excellence des dispositions prises avant le combat, surtout de la position avantageuse qu'il occupe et d'où il domine des ennemis sans valeur, imposera silence aux murmures de ses soldats timides et hésitants, et, s'élançant à la tête de ses meilleures colonnes, entraînera toutes ses troupes ralliées à la victoire.

**3. — *Ces appels à la volonté sont légitimes ; car la
foi est un acte vertueux et libre non moins
qu'une conviction.***

Pourquoi cette double intervention de la volonté
serait-elle illégitime ? Quel est l'homme qui, sans
scrupule, n'écarte tous les jours, par un acte de
volonté, des difficultés heurtant ses opinions, du moment que celles-ci lui semblent d'autre part suffisamment justifiées. Par un de ces appels à la volonté,
Renan lui-même, si on l'en croit, posait quelques
limites à son scepticisme et continuait de croire à
la réalité du monde physique : « Le scepticisme
subjectif a pu m'obséder par moments, écrivait-il
dans ses *Souvenirs d'enfance et de jeunesse* ; il ne
m'a jamais fait sérieusement douter de la réalité ;
ses objections sont par moi tenues en séquestre dans
une sorte de parc d'oubli ; je n'y pense pas. »

D'ailleurs bien que ce soit la volonté qui, au dernier instant, nous détermine à l'acte de foi, il n'en
est pas moins vrai que croire est le fait de la faculté
intellectuelle. Car à la raison seule il appartient de
discerner le vrai du faux, de juger de la valeur du
témoignage, sur lequel s'appuie et se mesure la foi ;
et, suivant la confiance que mérite le témoin, de
donner à la vérité qu'il propose tel degré d'adhésion.

La volonté attend donc d'être éclairée pour se porter vers l'acte de foi, qu'elle atteint, pour ainsi dire,
par le dehors. Elle est comme le nerf de l'intelligence. L'une et l'autre faculté n'est pas moins nécessaire à l'homme pour croire aux vérités révélées,
que l'œil, les ailes et les serres à l'oiseau pour
découvrir et saisir sa proie.

En effet, placée seule en face des vérités révélées,

l'intelligence humaine, faute de pénétration, les sai-
sirait mal. Si elle n'était point faussée par les pré-
jugés, elle regarderait, il est vrai, la révélation
comme plausible et même digne de sa créance. Mais
son assentiment, s'il se produisait, serait faible,
hésitant. L'esprit, faute de cette évidence qui rend
tout doute impossible, oscillerait sans cesse du oui
au non, selon qu'il s'arrêterait aux arguments en
faveur de la révélation ou à ceux qui lui sont
contraires.

En toute hypothèse, cette adhésion serait le résul-
tat exclusif d'une démonstration philosophique et se
mesurerait uniquement sur elle. Or, un tel assentiment ne mérite point les louanges et les récompenses qui sont décernées à la foi. Elles ne lui conviennent que parce qu'elle est une vertu. Or, c'est
le propre de l'acte vertueux et méritoire d'être essen-
tiellement libre.

Concluons que toute âme a le droit et le devoir
d'employer toute sa force de volonté pour devenir
et rester croyante. Son libre arbitre, en arrêtant et
maintenant la raison sur les plus solides preuves de
la révélation, doit contribuer à produire en elle de
fermes convictions religieuses. C'est à lui de l'entraîner ensuite, au travers de quelques obscurités
plus apparentes que réelles, vers une entière
adhésion à la parole de Dieu. Celui-ci, étant la vérité souveraine comme il est la bonté infinie, exige
l'hommage complet de notre intelligence et de notre
cœur. C'est son droit de ne vouloir être cru ni aimé
à demi ; et il manquerait certainement quelque
chose à l'hommage de notre esprit et de notre cœur,
s'il n'était à la fois libre et absolu.

CHAPITRE V

LA FOI EST UNE GRACE A LA PORTÉE DE TOUS

1. Promesse du Christ universelle. — **2.** Vérités qu'il est indispensable de croire. — **3.** Elles sont accessibles aux plus déshérités.

1. — *Promesse du Christ universelle.*

Est-ce donc assez de nos bons désirs, de nos efforts d'intelligence et de volonté pour produire un acte de foi ? Non, s'il s'agit d'un acte de foi surnaturel, par lequel, en adhérant à une vérité révélée, sur la parole même de Dieu, nous méritons sa faveur et coopérons à notre justification. Il faut absolument qu'un secours extraordinaire du ciel, la grâce, intervienne alors pour illuminer notre intelligence, fortifier notre volonté et hausser leurs actes au-dessus de la sphère naturelle.

Ce concours tout gratuit de Dieu, qui transforme nos œuvres et leur donne un éclat et une valeur en quelque sorte infinis, nous fait-il défaut, nous ne pouvons rien pour mériter ou conserver l'amitié divine ; car la vie dont la grâce est le principe surpasse d'autant la vie de l'intelligence que cette dernière surpasse la vie des sens, et la vie des sens la matière inanimée : « *Sine me, nihil potestis facere.* Sans moi, vous ne pouvez rien. » (Jo., XV, 5.)

Heureusement, en nous rappelant que nous avons besoin de lui, Notre-Seigneur affirme aussi que son secours ne nous fera jamais défaut ; il n'est pas d'homme qui ne puisse dire, comme l'apôtre : « Je puis tout en celui qui me fortifie. »

La foi surnaturelle est donc indispensable au

salut ; d'autre part, personne n'y parvient par ses seules forces ; il y faut, avec le bon vouloir, un secours particulier de Dieu, secours que nul effort humain, s'il n'écoutait que sa justice, ne pourrait lui arracher.

Mais, voici surgir une formidable difficulté, qui de tout temps a été pour les âmes faibles une cause de scandale. N'est-on pas en droit de nous dire : Nous comprenons que ceux qui vivent au milieu des nations chrétiennes, et qui cherchent la vérité religieuse d'une volonté droite et d'un cœur pur, parviennent tôt ou tard à la foi. Nous croyons sans peine que Dieu leur prodiguera les grâces de lumière et de force dont elles ont besoin et leur offrira mille occasions de connaître la révélation et de se convertir.

Mais tournez-vous maintenant vers ce nombre prodigieux d'âmes sur qui ne tombe aucun rayon de la révélation. Il serait étrange que, parmi elles, il ne s'en trouvât point de bonne foi. Eh bien, comment ces déshéritées arriveront-elles à croire ? Dieu se révélera-t-il quelque jour à elles dans une mesure suffisante pour qu'elles soient sauvées ? Montrez-nous au-dessus de leur tête l'étoile envoyée jadis aux mages, et les anges dépêchés vers les bergers pour les conduire au berceau de l'Enfant-Dieu.

Non, notre Dieu n'est pas comme celui du déiste, « un Dieu mort », ou, selon l'expression de Scherer, « un machiniste caché dans les nuages », impuissant à secourir ceux qui l'invoquent. Il ne coopère pas seulement à l'évolution des êtres qu'il a créés ; sa providence surnaturelle suit d'un œil miséricordieux toutes les âmes capables d'y correspondre.

Que tous les hommes soient sauvés, tel est le désir

de Dieu cent fois exprimé dans les saintes Ecritures.
« Il ne veut pas la mort du pécheur, mais sa conversion. » — « Sa volonté formelle est que sur la tête de
tous les hommes brille la lumière libératrice, et
qu'ils soient sauvés. (I Timoth., ii, 4.) » Fidèle aux
instructions de son fondateur, l'Eglise répète, après
lui, qu'il est mort pour sauver tout le genre humain ;
elle frappe d'anathème ceux qui, avec Calvin et Jan-
sénius, veulent rétrécir les bras de Jésus en croix et
ne leur faire embrasser que les seuls élus.

2. — *Vérités qu'il est indispensable de croire.*

En nous ouvrant par son sang le royaume des
cieux, le Christ respecte notre liberté. Il veut que
nous répondions à ses avances. Et pour nous en
tenir ici aux limites fixées par notre sujet, il exige
de tous les hommes deux conditions, qu'il est toujours possible de remplir : c'est d'abord de ne mettre
aucun obstacle volontaire à la grâce, qui se fraie un
chemin vers toutes les âmes de bonne volonté ; et
puis, de faire, avec le secours divin, un acte de foi à
quelques vérités suprêmes.

Car il y a des vérités qu'il est indispensable de
croire pour être sauvé : *Sine fide impossibile est pla-
cere Deo* (Hebr. xi, 6). Le cercle des vérités qu'il faut
croire d'une foi *explicite* n'est pas le même pour tous
les hommes. Il s'élargit ou se resserre selon le degré
d'instruction du croyant et les facilités dont il dis-
pose pour l'étendre et le compléter.

Quel est le minimum, condition indispensable, mais
suffisante aux yeux de Dieu pour le salut d'une personne, qui vit involontairement en dehors de la religion chrétienne ? — Il lui suffit, pensons-nous, de

croire en un Dieu rémunérateur, c'est-à-dire en un
Dieu qui se communique aux âmes par des moyens
à lui connus, punit les méchants dans sa justice,
pardonne au pécheur qui l'implore et se repent, et
récompense les bons dans son infinie miséricorde.

En parlant ainsi, nous exprimons un sentiment,
qui, à défaut de preuves incontestables, repose sur des
raisons très sérieuses et dont l'orthodoxie est garantie
par le suffrage de nombreux et éminents théologiens.

Le système rival, qui fait de la foi explicite aux
mystères de la Trinité et de l'Incarnation une condition absolument requise pour le salut, nous agrée
beaucoup moins. Nous cherchons vainement des
preuves qui nous forceraient d'en accepter la doctrine trop rigide. L'Apôtre, en effet, dans le texte
cité plus haut, parlant des articles dont la foi explicite est absolument requise pour être sauvé, ne
mentionne que l'existence de Dieu et sa qualité de
rémunérateur.

Nous ne voyons pas, d'ailleurs, pourquoi les conditions exigées des infidèles, seraient plus onéreuses
sous la nouvelle Loi que sous l'ancienne ; et pourquoi
les théologiens qui nous sont opposés exigeraient
plus du nègre actuel, étranger à l'Évangile, que de
l'ancien Éthiopien. Le Christ serait-il donc venu
pour diminuer le nombre des élus, pour resserrer les
portes du ciel, et non pour les élargir par son glo-
rieux triomphe sur la mort et le péché !

3. — *Ces vérités sont accessibles aux plus déshérités.*

La doctrine que nous suivons nous met à l'aise
pour résoudre la difficulté soulevée il y a un instant.
Non seulement il nous apparaît que Dieu se doit à

lui-même de se révéler comme Créateur et comme Juge aux âmes qui font effort vers le bien, et pratiquent le devoir dans la mesure où elles le connaissent ; mais nous entrevoyons sans peine combien sont variés, en même temps qu'infaillibles, les moyens qui amèneront l'homme, en apparence le plus abandonné, jusqu'à l'acte de foi ; et l'on bénit le ciel de voir briller plus claire cette consolante vérité : Nul de ceux qui obéissent fidèlement à leur conscience, travaillant à l'éclairer, s'efforçant vers le bien et se détournant du mal, dans la mesure de leurs lumières et de leurs forces, nul de ceux-là ne mourra sans avoir été initié à la foi surnaturelle, qui fait passer une humble créature dans la famille de Dieu.

Comment se réalisent ces miséricordieux desseins ? C'est ici le moment de le rappeler en peu de mots. — Infinis sont les modes sous lesquels se fait entendre la voix de Dieu ; ils diffèrent avec les temps, les pays et les personnes. L'action de l'Esprit-Saint se plie aux mille circonstances, par lesquelles se développe et se modifie la vie individuelle, avec une souplesse admirable. A l'un, il parlera par une inspiration intérieure ; à l'autre, il enverra l'un de ses anges, ou des prédicateurs de son Évangile. Il serait aisé de recueillir de la bouche des missionnaires des milliers de traits, où se montre dans son ingénieuse sollicitude la tendresse de la Providence pour ses plus humbles enfants. Ceux-ci ont été longtemps poursuivis par une idée religieuse, qu'un beau jour ils ont trouvée, comme par hasard, incarnée dans le christianisme. Ceux-là, en recevant la visite du missionnaire pour la première fois, avaient éprouvé comme un vague pressentiment qu'il existe un Maî-

tre du ciel, qu'il communique par des moyens mys-
térieux avec les âmes, et leur apporte, si elles en
sont dignes, des gages de pardon pour le passé et
d'ineffable bonheur pour l'avenir.

Et puisque nous ne parlons ici que des articles,
dont la croyance est, comme disent les théologiens,
nécessaire *d'une nécessité de moyen*, c'est-à-dire
absolument requise pour le salut, il nous semble que
la connaissance de ces vérités peut arriver partiel-
lement jusqu'aux infidèles par la voie de la tradition.
Dans la plupart des fausses religions, elles transpi-
rent encore à travers les fables et les superstitions
dont elles sont le plus souvent enveloppées. Aussi,
croyons-nous que non seulement le protestant, mais
le juif et même le musulman, qui ne se dérobe point
par sa faute à la lumière du christianisme et s'efforce de vivre honnêtement, trouvera sous l'influence
de la grâce divine dans les données primitives, base
première de son culte, les éléments indispensables,
mais suffisants pour un acte de foi. Il croira, confu-
sément au moins, à un « Dieu rémunérateur » sur
l'autorité d'une révélation partie du ciel et qui se
fait jour, il ne sait trop comment, jusqu'à lui.

Disons plus : Il n'est pas invraisemblable que du
fond des religions païennes où elles sont ensevelies,
ces vérités primordiales ne se dégagent souvent pour
des consciences honnêtes, grâce sans aucun doute,
à une *particulière* assistance de l'Esprit divin ; et si
vagues et mélangées d'erreurs qu'elles soient d'abord,
ne provoquent une poussée de désirs et de sentiments
surnaturels, qui, de proche en proche, aboutissent à
un acte de foi. C'est à peu près ce que répondaient
saint François-Xavier et son compagnon Cosmes de

Torrès aux Japonais, quand ceux-ci demandaient,
scandalisés, si tous leurs ancêtres devraient être
damnés, pour n'avoir point entendu la prédication de
l'Évangile. Il n'est pas d'homme, répliquaient les
missionnaires, qui ne connaisse les principaux
préceptes de la loi naturelle, surtout dans une nation civilisée telle que le Japon. Eh bien, poursui-
vaient-ils, en se conformant à cette loi, dans la
mesure où ils la connaissaient, et en correspondant
aux grâces, qui en tout homme de bonne volonté
s'enchaînent l'une à l'autre, vos pères pouvaient
être conduits par la divine miséricorde jusqu'à la
connaissance et à la pratique des choses nécessaires
au salut.

Il ne suit pas de là — est-il besoin de le dire —
que les travaux de nos missionnaires et leur zèle à
porter au loin la bonne nouvelle du Christ, ne
soient fort méritoires et d'une incomparable utilité.
Il est certain que dans les pays où ne rayonne pas
la vraie foi, les moyens de salut sont rares et d'une
application laborieuse et difficile, comparés à ceux
qui sont prodigués parmi les chrétiens, surtout les
catholiques. Ceux-ci, comme des plantes baignées
dès leur naissance dans une atmosphère surnaturelle, sont constamment sollicités de se tourner
vers Dieu, qui seul, ils le savent, leur donnera avec
la vie éternelle un suprême épanouissement.

A mesure que les âmes s'éloignent des régions bé-
nies où sont dardés les purs rayons de la révélation,
les lueurs vivifiantes de la grâce deviennent plus tiè-
des et se raréfient, Dieu voulant ainsi stimuler ses
apôtres à porter au loin le flambeau sacré qu'il a
mis entre leurs mains. En dépit de sa toute-puis-

sance, il agit à certains égards dans l'ordre de la
grâce, comme dans celui de la nature. Loin de
rompre la solidarité qui unit l'un à l'autre les
enfants d'un même père, il fait appel à leur concours
fraternel, excite leur activité, réservant sa miracu-
leuse intervention pour le cas où l'action des causes
secondes est impuissante, avec sa coopération ordinaire, à procurer le but que se propose son infinie
sagesse.

———————

CONCLUSION

Celui qui perd la foi ou touche au terme de la vie,
sans l'avoir conquise, doit donc, avant tout, s'accuser
lui-même et se dire : si je ne crois pas, il y a de ma
faute. Pour spécieuses que soient les objections dont
il peut être entouré, il ne tient qu'à lui de trouver les
lumières et la force nécessaires pour les dissiper. Sans
doute, à mesure que sa raison se développe, il voit
surgir des difficultés auxquelles certaines réponses
qui le satisfaisaient, enfant, ne suffisent plus. Mais
son esprit, dont le regard est devenu plus pénétrant et
plus étendu, est aussi plus à même d'apercevoir le
côté faible des sophismes dont sa foi est assaillie ; en
y réfléchissant, il découvre à celle-ci des appuis à peine
remarqués, et des fondements d'une profondeur qu'il
ne soupçonnait pas.

Voilà pourquoi il est toujours tenu de faire effort
pour sortir du terrain mouvant du scepticisme et s'éta-
blir sur le sol ferme de la foi. Que nul obstacle ne le
décourage : s'il ne se retranche pas en lui-même,
comme un égoïste à courte vue ; si son désir d'être
homme de bien, de contribuer au bonheur de ses semblables est assez intense pour le faire crier vers
celui-là seul qui peut mener son entreprise à terme ;
s'il aime la vérité religieuse ; s'il la cherche avec le
cœur non moins qu'avec l'esprit, Dieu, dont la grâce le
visite déjà, viendra à sa rencontre, calmera ses inquiétudes, lui montrera combien il est consolant de s'age-
nouiller, de dire : j'ai péché, et — par cet humble aveu,
d'autant plus méritoire qu'il coûte davantage, — d'obtenir son pardon. Il lui fera sentir, enfin, que le seul
moyen de réaliser son idéal de vertu, de bonheur, de

charité, c'est de s'unir au Père, à l'Ami incomparable, le Sauveur Jésus.

Si, au contraire, il ne prend point garde à la voix de Dieu, s'il refuse de croire à sa parole, n'a-t-il pas à craindre de violenter à la fois sa conscience et sa raison, et de se faire volontairement l'artisan de son malheur ? Il prive ainsi toutes ses facultés du seul objet où elles puissent trouver la perfection et le bonheur idéal réclamé par leur nature ; objet dont la seule espérance remplit déjà l'esprit et le cœur d'une telle force et d'une telle suavité, qu'on devine sans peine dans quelle perpétuelle extase il doit plonger les bienheureux qui le possèdent, qui le glorifient par la contemplation, l'amour ineffable dont le reflet enveloppe et pénètre tous ceux qu'ils ont aimés.

Au congrès de la jeunesse catholique tenu à Besançon, 19 novembre 1898, un écrivain qu'on ne peut encore ranger parmi les croyants, mais que sa sincérité et son élévation d'esprit en rapprochent de plus en plus, M. Brunetière, après avoir prouvé que croire est un besoin ancré dans l'âme humaine, rappelait qu'Auguste Comte, le chef du positivisme français, avait reconnu la supériorité du catholicisme sur tous les autres systèmes de religion et de morale. Et le courageux orateur ajoutait : Si Auguste Comte n'a pas franchi le dernier pas, c'est que l'humilité lui a manqué ; c'est qu'il était atteint de la grande hérésie de nos temps, l'orgueil.

Plaise à Dieu que nul de ceux qui liront ces lignes n'encoure un tel reproche et, par orgueil, ou tout autre motif humain, refuse de se ranger sous la loi du Christ. Si quelqu'un rejette la foi, pour lui-même, qu'il ne l'empêche pas, du moins, de naître ou de grandir dans ces âmes naïves qui, tout naturellement, volent vers Jésus-Christ et son Église. Ce serait aussi criminel que d'armer le bras d'un enfant contre son père, que de dessécher l'unique source où, en traversant le désert, il puisse étancher sa soif dévorante.

L'incroyant le plus prévenu en conviendra, si, à de certaines heures, il se recueille, s'il rentre en lui-même, s'il interroge, dans le silence, les plus profondes aspirations de son âme. Car, alors, il sentira combien est juste cette parole de l'illustre auteur de *La bonne souffrance* : « La foi est, en même temps, la satisfaction d'un besoin et l'accomplissement d'un devoir. »

TABLE DES MATIÈRES

Imp. des Orph.-Appr., D. Fontaine, 40, rue La Fontaine, Paris.

www.ingramcontent.com/pod-product-compliance
Lightning Source LLC
LaVergne TN
LVHW022019080426
835513LV00009B/784